이번엔
영어다!

박신규 지음

0순위 · 문장늘리기 패턴100

::::: Pub.365

영어를 좀 더 쉽게 배울 수 없을까?

영어의 접근을 달리하자!

오랫동안 현장에서 기초부터 고급까지 다양한 주제로 영어 강의를 하고 있는 강사입니다. 늘 똑같은 고민을 합니다. '영어를 좀 더 쉽게 배울 수 없을까?' 사실은 딱히 뭐라고 꼬집어서 대답하기가 힘듭니다. '열심히 하는 수 밖에는 없구나?' 혼자 생각해봅니다. 그러던 중 '영어 접근하는 방법을 좀 더 달리하면 어떨까?'라는 의구심에 다른 방법으로 강의해보자!라는 생각이 문뜩 들었습니다.

우리말과 영어의 어순은 배열 자체가 완전 거꾸로입니다. 우리말은 동사가 문장 맨 끝에 나오기 때문에 상대방의 말을 끝까지 들어봐야 어떤 말을 하려고 하는지 파악할 수 있습니다. 하지만 영어는 주어 다음에 바로 동사가 나옵니다. 동사에서 말이 막히기 시작하면 순간 머뭇거리게 됩니다. 다시 말해서 우리말은 '나는-매일-지하철로-직장에-출근합니다' 어순처럼 말하지만 영어는 이와 반대로 '나는-출근합니다-직장에-지하철로-매일'처럼 정반대의 어순으로 말합니다. 이런 이유로 짧은 문장은 쉽게 말할 수 있는데 좀 더 긴 문장을 영어로 표현하려고 하면 머리부터 아파옵니다.

몇 년 전부터 영어강의 스타일을 바꿨습니다. 그리고 현장에서 반응을 보았습니다. 예전보다 편하게 문장을 만드는 모습을 직접 목격하게 되었습니다. 기초적인 문장을 먼저 만들어 보고 그다음에 확장 어구를 넣어 여러 문장들을 자유롭게 만들어 보도록 강의했습니다. 우리말 어순을 영어 어순처럼 학습자들에게 불러주고 우리말에 해당되는 부분에 영어 표현을 넣어보는 연습을 하고 있었습니다. 그 경험을 통해 집필한 책이 바로 '0순위 문장늘리기 패턴100'입니다.

교재는 두 개의 틀로 구성되었습니다. 첫 장에서는 기초적인 문법 지식을 살려 어떻게 문장이 확장되어 가는지를 보여줍니다. 둘째 장에서는 좀 더 많은 예문들을 접할 수 있도록 했습니다. 이 모든 것은 현장에서 강의한 내용입니다. 하나하나씩 강의하면서 반응도 보았던 패턴들입니다. 영어 학습에 특별하고 쉬운 방법은 없습니다. 하지만 접근을 어떻게 하냐에 따라 영어 공부를 바라보는 시야가 달라질 수 있습니다. 영어회화 학습에 어려움을 겪고 있는 분들에게 이 책이 조금이나마 도움이 되었으면 하는 바람입니다. 끝으로 이런 멋진 책이 출간될 수 있도록 기회와 도움을 주신 pub.365 출판사 사장님과 관계자 여러분께 진심으로 감사드립니다.

저자 박신규

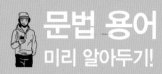

문법 용어
미리 알아두기!

1 주어

우리말 조사 '은', '는', '이', '가'와 함께 사용되어 문장 맨 앞에 나오는 역할을 해요. 명사와 대명사가 주어 자리에 나오죠.

ex He is an engineer. / Mike wants some money.

2 동사

사람이나 사물의 움직임을 나타낼 때 사용하는 게 바로 동사예요. 우리말 '다'에 해당되죠.

ex We go to school by bus. / Tony exercises every day.

3 목적어

우리말 조사 '을' 또는 '를'과 함께 사용되어 동사 다음에 나와요. 주어 자리에 올 수 있는 명사나 대명사는 목적어 자리에도 올 수 있어요. 단 인칭 대명사일 경우에는 목적격이 되어야 해요.

ex I like Jessica. / She just wanted some help.

4 to부정사

동사 앞에 to를 넣어 우리말 '~하는 것'으로 해석되며 문장의 주어 자리, 보어 자리, 목적어 자리에 올 수 있어요.

ex I hate to say this to you. / To exercise every day is very important.

5 동명사

동사에 -ing을 붙여 명사처럼 사용하는 말이에요.

ex I like dancing. / I don't like driving.

6 전명구(전치사구)

전명구를 전치사구라고도 하죠. 즉, '전치사+명사'를 뜻해요. 문장을 길게 만들고 싶을 때 전명구(전치사구)를 적극적으로 활용해 볼 수 있어요.

ex I can help you with your work. / I met her in the morning.

7 시간 부사(구/절)

우리말 '시간'이나 '때'를 나타내는 말들이에요. 여기서 '구'는 두 단어 이상이 '주어+동사'의 역할을 못하는 경우를 말해요. 반대로 두 단어 이상이 '주어+동사'의 역할을 한다면 '절'이 되는 거죠.

ex Tony called Stella yesterday morning. / I called him when I was in Seoul.

8 형용사/분사

형용사는 사람의 기분이나 상태, 사물의 상태, 성질 등을 나타내요. 단어마다 형용사가 있는데 없을 경우에는 동사에 -ing 또는 -ed를 붙여 형용사로 만들면 돼요. 이를 현재분사(-ing), 과거분사(-ed)라고 하죠.

ex I'm ready to leave. / I'm trying to help you out.

학습방법

Step 01

문장의 기본 구조!

- 문장의 뼈대를 구성하기 위해 Pattern에 해당하는 기본 문법을 정리합니다.
- 문장의 뼈대는 핵심문장 + 추가 문장으로 구성되어 있습니다.
- 핵심문장은 Pattern으로 만들고, 추가 문장은 핵심문장을 꾸미기 위한 요소로 전명구, to부정사 등으로 이루어져 있습니다.

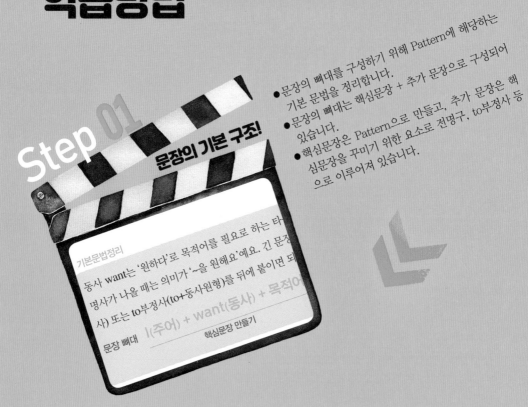

기본문법정리

동사 want는 '원하다'로 목적어를 필요로 하는 타[동]사가 나올 때는 의미가 '~을 원해요'예요. 긴 문장[사) 또는 to부정사(to+동사원형)를 뒤에 붙이면 되[

문장 뼈대 I(주어) + want(동사) + 목적어[

핵심문장 만들기

Step 02

문장을 점점 길게!

Step 1-1 주어 + 동사

- 난 / 원해
- I / want

Step 1-2 주어 + 동사 + 목적어

- 주어 + 동사
- 주어 + 동사 + 목적어
- 주어 + 동사 + 목적어 + 전명구
- 주어 + 동사 + 목적어 + 전명구 + to부정사

- 문장을 조금씩 길게 말할 수 있게 연습을 해봅니다.
- 문장의 길이가 어떻게 길어지는지 알 수 있습니다.
- 문장이 길어지는 단계마다 추가로 다른 말들을 만들어 보았습니다.
- 그 이외 다양한 상황에서의 응용은 스스로 해나가기 어렵지 않을 것 같습니다.

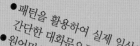

- 패턴을 활용하여 실제 일상에서 어떻게 쓰이는지 간단한 대화문으로 확인합니다.
- 원어민의 리얼한 대화를 들어보세요.

Step 03

대화문 연습!

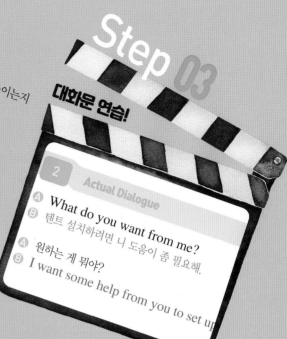

2

Actual Dialogue

Ⓐ What do you want from me?
Ⓑ 텐트 설치하려면 니 도움이 좀 필요해.
Ⓐ 원하는 게 뭐야?
Ⓑ I want some help from you to set up

Step 04

꿀 Tip!

1. 우리는 주어를 문장 앞에, 동사를 문
2. 영어는 주어 다음에 바로 동사가 나오
3. some help에서 some은 우리말 '좀'
4. 전명구(전치사+명사) 또는 전치사구

- 어머! 이해가 안 되신다구요?
- Tip란에서 자세하게 설명해드립니다. 상황에 따라 생략할 수 있는 부분도 확인해보세요.

Step 05

이젠 나도 연기자!

CHECK UP!

영어식 구조를 보고 큰 소리로 말해본 후

STEP 01 **초급** 말하기

- 영어식 구조를 보고 큰소리로 말해본 다음 우리말로 뜻을 말해보세요!
- Ready~ Action!!!

Contents

0순위 문장늘리기 패턴100

Chapter 2 대화를 '너'로 시작할 때!

Chapter 3 대화를 '육하원칙'으로 시작할 때!

Chapter 4   대화를 '삼인칭'으로 시작할 때!

 부록   0순위 문장늘리기 패턴100 **CHECK UP!**

1

대화를 '나'로 시작할 때!

QR코드를 찍어
원어민의 음성을
들어보세요!

UNIT

01

[주어+동사+목적어+전명구+to부정사]

Pattern **001**

• I want...

~을 원해요

기본문법정리

동사 want는 '원하다'로 목적어를 필요로 하는 타동사죠. 목적어로 명사(구)나 대명사가 나올 때는 의미가 '~을 원해요' 예요. 긴 문장을 만들려면 전명구(전치사+명사) 또는 to부정사(to+동사원형)를 뒤에 붙이면 되죠.

문장 뼈대 I(주어) want(동사) + 목적어 + 전명구 + to부정사

핵심문장 만들기　　　　　　　　추가문장 만들기

Step **1-1**　주어 + **동사**

- 난 / 원해
- I / want

Step **1-2**　주어 + 동사 + **목적어**

- 난 / 원해 / 도움을 좀
- I want / some help*

  some advice (충고를 좀)
  some information (정보를 좀)
  some money (돈을 좀)

* help 도움

Step **1-3**　주어 + 동사 + 목적어 + **전명구**

- 난 / 원해 / 도움을 좀 / 너로부터
- I want some help / from you

  from my friend (친구로부터)
  from my co-worker (직장동료로부터)
  from my roommate (룸메이트로부터)

Step 1-4 주어 + 동사 + 목적어 + 전명구 + **to부정사**

* 난 / 원해 / 도움을 좀 / 너로부터 / 이걸 끝내려면
* I want some help / from you / **to finish*** this

* finish 끝내다

to meet the deadline (마감일 맞추려면)
to set up a tent (텐트 설치하려면)
to finish this project (이 프로젝트 끝내려면)

Step 2 **Actual Dialogue**

Ⓐ What do you want from me?

Ⓑ 텐트 설치하려면 니 도움이 좀 필요해.

Ⓐ 원하는 게 뭐야?

Ⓑ I want some help from you to set up a tent.

TIP

1. 우리는 주어를 문장 앞에, 동사를 문장 제일 끝에 넣어요.
2. 영어는 주어 다음에 바로 동사가 나오게 되죠.
3. some help에서 some은 우리말 '좀'에 해당돼요.
4. 전명구(전치사+명사) 또는 전치사구를 뒤에 덧붙이면 문장이 길어져요. What do you want from me?에서 전치사(from)+대명사(me)는 상황에 따라 생략될 수 있어요.
5. to부정사(to+동사원형)를 활용해서 '~하기 위해서', '~하려면'이라는 뜻을 만들 수 있어요.

주어+동사+목적어+전명구+to부정사

Pattern **002**

I need...
~이 필요해요

기본문법정리

동사 need의 목적어로 명사(구)나 대명사가 나오면 '~이 필요해요'라는 뜻이에요. 목적어가 사람이 될 수도 있고 사물이 될 수도 있어요. 상황에 맞는 어휘를 동사 need 다음에 넣으면 돼요.

문장 뼈대 I(주어) need(동사) + 목적어 + 전명구 + to부정사

핵심문장 만들기   추가문장 만들기

Step **1-1**   주어 + **동사**

• 난 / 필요해
• I / need

Step **1-2**   주어 + 동사 + **목적어**

• 난 / 필요해 / 휴식이
• I need / a break*

    a passport (여권이)
    a computer (컴퓨터가)
    a car (차가)

* break 휴식

Step **1-3**   주어 + 동사 + 목적어 + **전명구**

• 난 / 필요해 / 휴식이 / 일하다가
• I need a break / from work*

    from the city (도시로부터)
    from this work (이일로부터)
    from my daily life (내 일상생활로부터)

* from work
일하다가,
일로부터

Step 1-4 주어 + 동사 + 목적어 + 전명구 + **to부정사**

- 난 / 필요해 / 휴식어 / 일하다가 / 기분 전환을 위해
- I need a break from work / to refresh myself *

  to beat my stress (스트레스 풀기 위해)
  to get some fresh air (바람 좀 쐬기 위해)
  to take a walk (산책하기 위해)

* refresh
oneself
기분 전환하다

Step 2 Actual Dialogue

Ⓐ What do you need right now?

Ⓑ 기분 전환으로 일로부터 잠깐 쉬어야겠어.

Ⓐ 지금 필요한 게 뭐야?

Ⓑ I need a break from work to refresh myself.

TIP

1. 동사 need는 '필요하다'라는 기본적인 뜻을 가지고 있어요.

2. break는 동사로 '깨다', '부수다'지만, 명사로는 '(잠깐의) 휴식'의 의미예요.

3. 동사 refresh는 '새롭게 하다' 또는 '재충전하다'의 뜻이에요.

4. 전명구인 from work(일하다가)는 말하는 화자에 따라 생략 가능해요.

5. 타동사인 refresh 다음에 나온 재귀대명사 myself가 목적어 역할을 해요.

주어+동사+목적어+전명구+to부정사

I have...

~이 있어요

Pattern 003

기본문법정리

동사 **have**처럼 일상 영어회화에서 사용빈도수가 높은 것도 없을 거예요. 원래 '가지다'지만 의미가 확대되어 '마시다(drink)' 또는 '먹다(eat)'가 돼요. 여기서는 목적어를 취하면서 '~이 있어요'의 뜻이에요.

문장 뼈대 I(주어) have(동사) + 목적어 + 전명구 + to부정사

핵심문장 만들기　　　추가문장 만들기

Step 1-1　주어 + 동사

• 난 / 있어
• I / have

Step 1-2　주어 + 동사 + 목적어

• 난 / 있어 / 약속이
• I have / an appointment*

　　a meeting(모임이)
　　a blind date(소개팅이)
　　other plans(선약이)

* appointment
약속

Step 1-3　주어 + 동사 + 목적어 + 전명구

• 난 / 있어 / 약속이 / 토니와
• I have an appointment / with Tony

　　with Dr. Kim(김 박사와)
　　with the director(이사님과)
　　with my friend(내 친구와)

주어 + 동사 + 목적어 + 전명구 + to부정사

- 난 / 있어 / 약속이 / 토니와 / 뭔가 토론하기 위해

- I have an appointment with Tony
  / to discuss something

  to find a solution(해결책을 찾기 위해)
  to go over the design(디자인 검토 위해)
  to review the report(보고서 검토 위해)

Step 2 **Actual Dialogue**

Ⓐ What are you going to do this afternoon?

Ⓑ 뭔가 토론하기 위해 토니와 약속 잡혀있어.

Ⓐ 오늘 오후에 뭐 할 거야?

Ⓑ I have an appointment with Tony to discuss something.

TIP

1. 타동사 discuss는 '토론하다'이며, 명사는 discussion이에요.
2. '~와 약속이 있다'는 have an appointment with~로 표현해요.
3. to부정사인 to discuss는 '토론하기 위해'처럼 부사적 용법 '목적'에 해당되죠.
4. something처럼 ~thing으로 끝나는 부정대명사 뒤에 형용사를 넣어 긴 문장을 만들 수 있어요.
5. 동사 have는 원래 '가지다'지만 구어체에서는 '마시다(drink)', '먹다(eat)'의 뜻도 돼요. 예를 들어 have a meal(식사하다), have a drink(술 한잔하다), have breakfast(아침 먹다)처럼 표현할 수 있어요.

1

대화를 '나'로 시작할 때!

QR코드를 찍어
원어민의 음성을
들어보세요!

02

[주어+동사+to부정사+전명구]

주어+동사+to부정사+전명구

I want to...

~하고 싶어요

Pattern 004

기본문법정리

타동사 want의 목적어로 명사(구) 또는 대명사가 나오지만 때로는 to부정사 (to+동사원형)가 오기도 해요. 이럴 때는 '~하고 싶어요'라는 뜻이죠. 스스로 하고 싶은 것을 동사로 표현할 수 있어요.

문장 뼈대 I(주어) want(동사) + to부정사 + 전명구

핵심문장 만들기   추가문장 만들기

Step 1-1 **주어 + 동사**

• 난 / 싶어
• I / want

Step 1-2 **주어 + 동사 + to부정사**

• 난 / 싶어 / 담배 끊고
• I want / to give up* smoking

  to lose weight (살 빼고)
  to travel alone (혼자 여행하고)
  to do it over again (그걸 다시 하고)
  to get married (결혼하고)
  to buy a new car (새 차 구입하고)

* give up 그만두다

Step 1-3 주어 + 동사 + to부정사 + 전명구

- 난 / 싶어 / 담배 끊고 / 내 건강을 위해
- I want to give up smoking / for my health*

  for my well-being (내 행복(건강)을 위해)
  for good (영원히)
  for the sake of my health (내 건강을 위해)

* health 건강

Step 2 Actual Dialogue

Ⓐ What do you want to do this year?

Ⓑ 건강을 위해 담배 끊고 싶어.

Ⓐ 올해 뭐하고 싶어?

Ⓑ I want to give up smoking for my health.

TIP

1. 숙어로 for one's health는 '~의 건강을 위해'라는 의미예요.
2. give up은 '포기하다', '관두다', '그만두다'의 뜻으로 사용되죠.
3. give up 다음에 smoking 또는 drinking을 넣어서 표현을 만들 수가 있어요.
4. 전치사 on을 give up과 함께 사용해서 give up on~이라고 하면 '~을 포기하다'라는 의미가 돼요. 예로 Will you give up on love?는 '사랑을 포기할 거야?' 입니다.
5. 명사 health(건강)와 형용사 healthy(건강한)의 뜻도 익혀두세요. 예를 들어 stay healthy는 '건강을 유지하다'의 뜻이죠. 여기서 동사 keep이 아니라 stay를 사용해야 합니다.

Pattern 005

I need to...

~해야 해요

기본문법정리

동사 need하면 '필요하다'라는 뜻이 제일 먼저 떠오르게 되죠. 목적어로 명사 (구)나 대명사가 나오지만, 이 역시 to부정사(to+동사원형)를 취해요. 의미는 '~해야 해요'처럼 해석합니다.

문장 뼈대 I(주어) need(동사) + to부정사 + 전명구

핵심문장 만들기　　　　　추가문장 만들기

Step 1-1 주어 + 동사

- 난 / 해요
- I / need

Step 1-2 주어 + 동사 + to부정사

- 난 / 해요 / 당신이랑 얘기해야
- I need / to talk to* you

　　　　to ask you something (당신께 뭔가 물어봐야)
　　　　to get some information (정보 좀 얻어야)
　　　　to hurry up (서둘러야)
　　　　to practice (연습해야)
　　　　to exercise every day (매일 운동해야)

* talk to
~와 얘기해 보다

주어 + 동사 + to부정사 + 전명구

- 난 / 해요 / 당신이랑 얘기해야 / 이 문제에 대해
- I need to talk to you / **about this problem***

      about yourself (당신 자신에 대해)
      about that (그것에 대해)
      about this year's budget (금년 예산에 대해)

* problem 문제

Actual Dialogue

Ⓐ What do you need to do?

Ⓑ 이 문제에 대해 당신이랑 얘기해야 해요.

Ⓐ 뭘 해야 해요?

Ⓑ I need to talk to you about this problem.

TIP

1. 자동사 talk와 전치사 to가 함께 사용되어 talk to somebody라고 하면 '~와 얘기해 보다'라는 뜻이에요.

2. have a talk with~라고 하면 '~와 얘기를 나누다'예요. 여기서 talk은 명사죠.

3. 동사 need는 목적어로 명사(구)나 대명사를 취하지만 때로는 to부정사가 나오기도 하죠. 이럴 때는 '~해야 한다'처럼 해석됩니다.

4. 전치사 about 다음에 하고 싶은 말을 목적어로 바꿔 넣으면 됩니다. 대상이 사람이나 사물이 될 수 있어요.

5. 전명구인 about this problem을 강조하고 싶다면 문장 맨 앞으로 빼면 돼요. 즉, 자리 위치가 자유로운 것이 '전치사+명사'(전치사구)입니다.

Pattern 006 · I have to...

~해야 해요

기본문법정리

숙어로 **have to**+동사원형은 '~해야 해요'라는 뜻이에요. 당연히 뭔가를 해야 한다는 '당위성'이 내포된 셈이죠. 자신이 꼭 해야 할 일을 언급하고자 할 때 **to** 다음에 동사만 바꿔 넣으면 됩니다.

문장 뼈대 I(주어) have(동사) + to부정사 + 전명구

핵심문장 만들기   추가문장 만들기

Step 1-1 **주어 + 동사**

• 난 / 해요
• I / have

Step 1-2 **주어 + 동사 + to부정사**

• 난 / 해요 / 서울에 가야
• I have / to go to* Seoul

    * go to ~에 가다

        to work out (운동해야)
        to call him (그에게 전화해야)
        to brush my teeth (양치질해야)
        to leave for work (출근해야)
        to go grocery shopping (장 봐야)

* after work
퇴근 후에

Step 1-3 주어 + 동사 + to부정사 + 전명구

• 난 / 해요 / 서울에 가야 / 퇴근 후에

• I have to go to Seoul / after work*

after class (수업 후에)
after lunch (점심 후에)
after having a meal (식사 후에)

Step 2 Actual Dialogue

Ⓐ What are your plans for tonight?

Ⓑ 퇴근 후에 서울에 가야 해요.

Ⓐ 오늘 밤 계획이 뭔데요?

Ⓑ I have to go to Seoul after work.

TIP

1. 동사 go 다음에 방향 전치사 to(~로)를 써서 go to+장소 명사라고 하면 '~로 가다'의 뜻이에요.

2. after work은 '일과 후에' 또는 '퇴근 후에'의 의미입니다.

3. I have to go to Seoul.은 '서울에 가야 해요.'처럼 당연히 서울에 가야 할 당위성이 문장 안에 내포되어 있어요.

4. 주어가 일인칭(I) 일 때는 have to지만 3인칭(he, she) 일 때는 has to로 바뀝니다.

5. After work, I have to go to Seoul.처럼 전명구(after work)는 부사 역할을 하므로 문장 앞으로 옮길 수 있어요.

주어+동사+to부정사+전명구

• I like to...

~하는 거 좋아해요

Pattern 007

기본문법정리

동사 like는 '좋아하다'로 명사(구)나 대명사가 목적어로 나오면 '~이 마음에 들어요', '~을 좋아해요'지만, to부정사(to+동사원형)가 목적어로 나오면 '~하는 거 좋아해요'의 뜻이에요. 동명사(-ing)가 목적어로 나올 때도 뜻은 같지만 '동작'의 의미가 훨씬 짙죠.

문장 뼈대   I(주어) like(동사) + to부정사 + 전명구

         핵심문장 만들기   추가문장 만들기

Step 1-1   주어 + **동사**

- 난 / 좋아해
- **I / like**

Step 1-2   주어 + 동사 + **to부정사**

- 난 / 좋아해 / 영화 보는 거
- **I like / to watch movies**[*]

       to clean up my room (내 방 청소하는 거)
       to take baths (목욕하는 거)
       to go to concerts (콘서트에 가는 거)
       to ride a bike (자전거 타는 거)
       to shop online (온라인 쇼핑하는 거)

[*] watch movies
영화보다

▶

Step 1-3 주어 + 동사 + to부정사 + 전명구

- 난 / 좋아해 / 영화 보는 거 / 여가 시간에
- I like to watch movies / in my spare time*

  in my free time (여가 시간에)
  in my leisure time (여가 시간에)
  in the evenings (저녁마다)

* in my spare
time
여가 시간에

Step 2 Actual Dialogue

Ⓐ What do you like to do in your free time?

Ⓑ 여가 시간에 영화 보는 거 좋아해.

Ⓐ 여가 시간에 뭐 하는 거 좋아해?

Ⓑ I like to watch movies in my spare time.

TIP

1. '영화보다'를 watch a movie 또는 watch movies라고 해요.
2. 타동사 like는 목적어로 to부정사(to+동사원형)와 동명사(-ing)를 동시에 취하죠.
3. '여가 시간에'를 in my spare(free, leisure)time이라고 표현합니다.
4. 타동사 like 다음에 사물이 목적어로 나올 경우에는 '~이 마음에 들다'라는 뜻이
   에요. 예를 들어 I like your jacket.은 '재킷이 멋있어.' 또는 '재킷이 마음에 들어.'
   라는 뜻으로 칭찬의 의미가 내포되어있어요.
5. 영화와 관련된 표현 중에 go to the movies는 '극장에 가다'라는 뜻입니다.

주어+동사+to부정사+전명구

Pattern 008

I hate to...

~하는 거 싫어해요

기본문법정리

동사 hate은 '증오하다', '싫어하다'예요. 목적어로 to부정사(to+동사원형)가
오면 '~하는 거 싫어해요'가 되죠.

마음 내키지 않은 일이 있을 때 이 패턴을 사용해서 표현할 수 있어요.

문장 뼈대 I(주어) hate(동사) + to부정사 + 전명구

핵심문장 만들기   추가문장 만들기

Step 1-1 주어 + 동사

- 난 / 싫어해
- I / hate

Step 1-2 주어 + 동사 + to부정사

- 난 / 싫어해 / 이런 말 하는 거
- I hate / to say this*

    to be late (지각하는 거)
    to say 'NO' ('노'라고 말하는 거)
    to go to see a doctor (병원에 가는 거)
    to go jogging (조깅하는 거)
    to get up early (일찍 일어나는 거)

* say this
  이런 말 하다

Step 1-3 **주어 + 동사 + to부정사 + 전명구**

- 난 / 싫어해 / 이런 말 하는 거 / 너에게
- I hate to say this / **to you**

      to my friend (내 친구에게)
      to Wendy (웬디에게)
      to him (그에게)

Step 2 Actual Dialogue

Ⓐ Hey, you look so sad. What's wrong? What is it?

Ⓑ 이런 말 하긴 싫지만, 시험에 또 떨어졌어.

Ⓐ 이봐, 몹시 슬퍼 보여. 왜 그래? 무슨 일이야?

Ⓑ I hate to say this to you, but I failed the exam again.

TIP

1. '증오하다', '몹시 싫어하다'의 뜻인 hate은 목적어로 to부정사(to+동사원형)를 취할 수 있어요.
2. 전치사 to 다음에 나온 대명사 you 대신에 대상을 바꿔 넣으면 됩니다.
3. '이런 말 하긴 싫지만...'을 I hate to say this, but...처럼 표현해요.
4. I hate에 to trouble you를 넣어서 I hate to trouble you, but...이라고 하면 '귀찮게 해서 죄송하지만...'의 뜻이에요.
5. hate이 명사로는 '증오'입니다.

주어+동사+to부정사+전명구

I would like to...

~하고 싶어요

기본문법정리

동사 like는 '좋아하다', '마음에 들다'라는 뜻이죠. 하지만 would like to+
동사원형으로 사용되면 '좋아하다'가 아니라 '~하고 싶어요'라는 뜻입니다.
이 점이 바로 차이점이죠. 즉, want to+동사원형과 같은 뜻이지만 좀 더 공손한
느낌을 전달하게 됩니다.

문장 뼈대 I(주어) would like(동사) + to부정사 + 전명구

핵심문장 만들기   추가문장 만들기

Step 1-1   주어 + 동사

• 난 / 싶어요
• I / would like

Step 1-2   주어 + 동사 + to부정사

• 난 / 싶어요 / 시간 좀 보내고
• I would like / to spend some time*

    to go shopping (쇼핑하고)
    to go to New York (뉴욕에 가고)
    to take a stroll (산책하고)
    to buy a new backpack (새로운 배낭을 사고)
    to listen to music (음악 듣고)

* spend some
  time
  시간 좀 보내다

Step **1-3** 주어 + 동사 + to부정사 + **전명구**

- 난 / 싶어요 / 시간 좀 보내고 / 가족과
- I would like to spend some time
                    / with my family*

                    with my friends (친구들과)
                    with my children (아이들과)
                    with my wife (부인과)

＊ **family** 가족

Step **2** Actual Dialogue

ⓐ What would you like to do on the weekend?

ⓑ 가족과 시간 좀 보내고 싶어요.

ⓐ 주말에 뭘 하고 싶어요?

ⓑ I would like to spend some time with my family.

TIP

1. want to+동사원형과 비슷한 뜻이지만 좀 더 공손한 의미를 담는 것이 would like to+동사 원형이에요.
2. 동사 spend는 '(돈을) 쓰다', '(시간을) 보내다'라는 뜻인데요, 그러므로 spend some time with~은 '~와 시간을 보내다'가 되는 거죠.
3. 전치사 with 다음에 시간을 함께 보내고 싶은(!) 대상만 바꿔 넣어 표현할 수 있어요.
4. I would like to...를 줄여서 I'd like to...처럼 표현하죠.
5. 전치사 with에서 끝에 나온 th는 거의 발음하지 않아요.

1

대화를 '나'로 시작할 때!

QR코드를 찍어
원어민의 음성을
들어보세요!

UNIT

03

[주어+동사+인칭대명사+to부정사]

I want you to...

~했으면 좋겠어요

Pattern 010

기본문법정리

동사 want는 목적어로 명사(구)나 대명사를 취해요. 때로는 **5**형식 구조로 사용되기도 하죠. I want you to...에서 to부정사(to+동사원형)의 주어 역할을 하는 것은 목적격으로 나온 you입니다.

문장 뼈대 I(주어) want(동사) + 인칭대명사 + to부정사

핵심문장 만들기

Step **1-1** 주어 + 동사

- 난 / 좋겠어
- I / want

Step **1-2** 주어 + 동사 + 인칭대명사

- 난 / 좋겠어 / 네가
- I want / you

  them (그들이)
  her (그녀가)

Step 1-3 주어 + 동사 + 인칭대명사 + to부정사

• 난 / 좋겠어 / 네가 / 조용히 해줬으면
• I want you / to be quiet*

>   **to help me** (날 도와줬으면)
>   **to forgive him** (그를 용서해줬으면)
>   **to marry me** (나와 결혼해줬으면)
>   **to be happy** (행복해줬으면)
>   **to stay a little longer** (좀 더 머물러줬으면)

* **be quiet**
  조용히 하다

Step 2 Actual Dialogue

Ⓐ Sam, what do you want me to do?

Ⓑ 네가 조용히 해줬으면 좋겠어.

Ⓐ 샘, 내가 뭘 했으면 좋겠어?

Ⓑ I want you to be quiet.

TIP

1. 5형식 동사로 사용된 want의 목적어로 목적격 대명사 you가 나왔어요.

2. to부정사(to+동사원형)의 주어 역할을 하는 것은 바로 앞에 나온 목적격 대명사 you예요.

3. '조용히'라는 뜻을 갖는 형용사 quiet를 동사 '조용히 하다'라고 말할 때는 be동사의 도움을 받아 be quiet처럼 표현해야 해요.

4. I want you+to부정사 구조에서 you 대신에 인칭대명사 him, her 또는 고유명사 Mike, Juliet 등을 바꿔 넣어 표현할 수 있어요.

5. 동사 want는 I want some money.(돈 좀 필요해), I want to sleep.(자고 싶어), I want you to call him.(네가 걔에게 전화해줬으면 좋겠어)처럼 다양한 구조로 사용되기도 합니다.

I need you to...

~해줘야 해요, ~해줬으면 좋겠어요

Pattern **011**

기본문법정리

동사 need에는 '필요하다'라는 대표적인 뜻이 있어요. 이 동사를 활용해서 I need you to...처럼 말하게 되면 내가 아닌 상대방이 뭔가를 해줬으면 하는 바람이 담겨있게 되죠.

문장 뼈대 I(주어) need(동사) + 인칭대명사 + to부정사

핵심문장 만들기

Step 1-1 주어 + 동사

- 난 / 좋겠어
- I / need

Step 1-2 주어 + 동사 + 인칭대명사

- 난 / 좋겠어 / 네가
- I need / you
  - him (그가)
  - her (그녀가)

Step 1-3   주어 + 동사 + 인칭대명사 + to부정사

• 난 / 좋겠어 / 네가 / 토니에게 전화해줬으면

• I need you / to call* Tony

    * call 전화하다

to be here (여기에 있어줬으면)
to know something (뭔가 알아줬으면)
to do me a favor (부탁을 들어줬으면)
to keep your promise (약속을 지켜줬으면)
to take me home (날 집에 데려다줬으면)

Step 2   Actual Dialogue

Ⓐ Is there anything else I can do for you?

Ⓑ 응, 있지. 지금 네가 토니에게 전화해줬으면 좋겠어.

Ⓐ 뭐 더 시킬 일 없어?

Ⓑ Yes, there is. I need you to call Tony right now.

TIP

1. 동사 need도 want처럼 5형식 구조(주어+동사+목적어+to부정사)를 취해요.
2. 동사 need의 목적어로 사람 또는 사물이 나오면 '~이 필요해'라는 뜻이에요.
3. 동사 call은 '전화하다'예요. 이때 동사 call을 give ~ a call처럼 명사로 사용하면 '~에게 전화하다'라는 뜻이에요.
4. call Tony는 '토니에게 전화하다'로, give Tony a call처럼 바꿔 말하기도 하죠.
5. 동사 call은 '전화하다', '~라고 부르다', '소집하다'의 뜻이에요.
   숙어로 call a meeting이라고 하면 '회의를 소집하다'의 뜻입니다.

주어+동사+인칭대명사+to부정사

I would like you to...

~해주면 좋겠어요

Pattern **012**

기본문법정리

숙어로 would like to+동사는 '~하고 싶어요'예요. 여기에 목적격 you를
넣어서 I would like you to+동사로 말하면 '당신이 ~해주면 좋겠어요'의
뜻이 되죠. 자신이 아닌 상대방이 뭔가 해주기를 바랄 때 사용합니다.

문장 뼈대　I(주어) would like(동사) + 인칭대명사 + to부정사

핵심문장 만들기

Step **1-1**　　주어 + **동사**

• 난 / 좋겠어요
• I / would like

Step **1-2**　　주어 + 동사 + **인칭대명사**

• 난 / 좋겠어요 / 당신이
• I would like / you

　　　　　　　him (그가)
　　　　　　　her (그녀가)

Step 1-3 **주어 + 동사 + 인칭대명사 + to부정사**

• 난 / 좋겠어요 / 당신이 / 줄리엣과 인사 나눴으면

• **I would like you / to meet* Juliet**

* **meet**
만나다, 인사하다

> **to tell me the truth** (나에게 진실을 말해줬으면)
> **to wait here** (여기서 기다려줬으면)
> **to meet my friend** (제 친구와 인사 나눴으면)
> **to join me for dinner** (저와 저녁식사 함께 해줬으면)
> **to trust me** (절 믿어줬으면)

Step 2 Actual Dialogue

Ⓐ What would you like me to do?

Ⓑ 당신이 줄리엣과 인사 나눴으면 해요.

Ⓐ 제가 뭘 하면 되나요?

Ⓑ I would like you to meet Juliet.

TIP

1. 동사 meet는 '만나다', '~와 인사하다'라는 뜻이지만 '충족(만족) 시키다', '(기간에) 맞추다'라는 의미도 있어요. 그러므로 meet the deadline은 '마감일을 맞추다'예요.

2. I would like you to를 줄여서 I'd like you to라고 말하기도 하죠.

3. '~와 인사 나누세요'라고 할 때 I would like (I'd like) you to meet+사람의 패턴 을 사용합니다.

4. want to+동사원형보다 좀 더 공손한 뜻을 갖는 것이 would like to+동사원형 이에요.

5. 소개해주고 싶은 사람을 타동사 meet 다음 목적어 자리에 넣어 표현하면 돼요.

Chapter 1

대화를 '나'로 시작할 때!

QR코드를 찍어
원어민의 음성을
들어보세요!

UNIT

04

[주어+동사+전명구+전명구]

주어+동사+전명구+전명구

I exercise...
~ 운동해요

Pattern 013

기본문법정리

운동과 관련된 어휘 중에 제일 먼저 떠오르는 단어가 바로 exercise예요. 다른 말로 work out이라고도 하죠. 동사 exercise 다음에 장소나 시간을 붙여 길게 문장을 만들 수가 있어요.

문장 뼈대   I(주어) exercise(동사) + 전명구 + 전명구

핵심문장 만들기   추가문장 만들기

Step 1-1   주어 + 동사

• 난 / 운동해
• I / exercise

Step 1-2   주어 + 동사 + 전명구

• 난 / 운동해 / 공원에서
• I exercise / in the park*

  on the playground (운동장에서)
  at school (학교에서)
  near my house (집 근처에서)
  with my friends (내 친구들과)
  with my younger brother (남동생과)

* **in the park**
  공원에서

Step 1-3 주어 + 동사 + 전명구 + **전명구**

• 난 / 운동해 / 공원에서 / 퇴근 후에
• I exercise in the park / **after work**[*]

* after work
퇴근 후에

after school (방과 후에)
in the evenings (저녁에)
before leaving for work (출근하기 전에)

Step 2 Actual Dialogue

Ⓐ When do you exercise?

Ⓑ 보통 퇴근 후에 공원에서 운동해.

Ⓐ 언제 운동해?

Ⓑ I normally exercise in the park after work.

TIP

1. 동사 exercise는 '운동하다'의 뜻이며, 비슷한 말로 work out이 있어요.

2. 부사 normally는 '평소에', '보통', '일반적으로'의 뜻이에요.

3. 운동은 보통 공원 안에서 하는 것이므로 in the park처럼 전치사 in을 사용해야 해요.

4. 영어로 '퇴근 후에'를 간단하게 after work처럼 표현합니다.

5. 직장과 관련된 표현 중에 다른 예로 leave for work(출근하다), punch out(퇴근 하다)도 있어요.

Pattern 014

• I work...

~ 일해요

기본문법정리

자동사로 work는 '일하다', '근무하다', '종사하다'지만, 타동사로 work는 '움직이다', '다루다', '일을 시키다'의 뜻이에요. 자동사로 work 다음에 '전치사+명사'의 구조가 나오면 '~에서 일해요', '~에 근무해요'의 의미가 되는 거예요.

문장 뼈대 I(주어) work(동사) + 전명구 + 전명구

핵심문장 만들기   추가문장 만들기

Step 1-1   **주어 + 동사**

• 난 / 일해
• I / work

Step 1-2   **주어 + 동사 + 전명구**

• 난 / 일해 / 무역회사에서
• I work / at a trading company*

   at an advertising company (광고회사에서)
   at a bank (은행에서)
   at a construction company (건설회사에서)
   at a small company (중소기업에서)
   at a travel agency (여행사에서)

* trading
  company
  무역회사

주어 + 동사 + 전명구 + 전명구

- 난 / 일해 / 무역회사에서 / 서울에 있는
- I work at a trading company / **in Seoul**

  in New York (뉴욕에 있는)
  in Tokyo (도쿄에 있는)
  in Singapore (싱가포르에 있는)

Step 2 Actual Dialogue

Ⓐ Where do you work?

Ⓑ 서울에 있는 무역회사에서 일해.

Ⓐ 어디서 근무해?

Ⓑ I work at a trading company in Seoul.

TIP

1. 자동사 work 다음에 전치사 at, in, for를 넣으면 '~에서 근무하다'라는 뜻이에요.

2. 복합명사 trading company는 '무역회사'예요.

3. Seoul처럼 큰 도시 앞에서는 전치사 in을 넣어서 표현해요.

4. 일반동사 work은 주어가 1인칭일 때는 그대로 사용하지만, 3인칭일 때는 동사 work에 s를 붙여 works라고 표현해요.

5. 일반동사 work의 과거 동사는 worked이며 과거완료는 worked예요. 즉, work-worked-worked처럼 바뀝니다.

주어+동사+전명구+전명구

I will travel...
~ 여행할 거예요

Pattern **015**

기본문법정리

여행하면 생각나는 단어가 travel이죠. 국내여행이든 해외여행이든 여행이란 사람의 마음을 들뜨게 만듭니다. 동사 travel과 조동사 will을 함께 사용하면 '~ 여행할 거예요'의 뜻이에요. 여기에 함께 하는 사람과 시간을 덧붙여서 말을 길게 만들 수 있답니다.

문장 뼈대 I(주어) will travel(동사) + 전명구 + 전명구

　　　　　　　　핵심문장 만들기　　　　　추가문장 만들기

Step 1-1 주어 + **동사**

• 난 / 여행할 거야

• I / **will travel**

Step 1-2 주어 + 동사 + **전명구**

• 난 / 여행할 거야 / 유럽으로

• I will travel / **to Europe**[*]

　　　　to Denver (덴버로)
　　　　to Seattle (시애틀로)
　　　　to Japan (일본으로)
　　　　to Canada (캐나다로)
　　　　to New York (뉴욕으로)

* **to Europe**
유럽으로

Step 1-3 주어 + 동사 + 전명구 + **전명구**

- 난 / 여행할 거야 / 유럽으로 / **가족과**
- I will travel to Europe / **with my family***

  with my friends (친구들과)
  with my wife (부인과)
  with my girlfriend (여자 친구와)

* family 가족

Step 2 Actual Dialogue

Ⓐ What are your plans for the weekend?

Ⓑ 가족과 함께 유럽으로 여행할 거야.

Ⓐ 주말 계획이 뭐야?

Ⓑ I will travel to Europe with my family.

TIP

1. '여행을 떠나다'를 go on a journey, take a trip, go on a trip, travel이라고 말해요.
2. 방향 전치사 to를 활용해서 to Europe처럼 표현하면 '유럽으로'의 뜻이 됩니다.
3. '~와 함께'라는 뜻을 갖는 전치사가 with예요.
4. 미래의 의미를 지니고 있는 조동사 will은 동사원형 travel을 도와주는 역할을 해요.
5. 불확실한 미래의 할 일을 말할 때 사용하는 조동사가 will이며, 이와 반대로 be going to+동사원형은 미래의 할 일을 과거에 이미 결정해 둔 상태를 말할 때 사용해요. 즉, 예정된 미래를 말하는 거죠.

주어+동사+전명구+전명구

I go...
~ 가요

Pattern **016**

기본문법정리

동사 go는 기본적으로 '가다'라는 뜻이에요. 직장에 가거나 집에 가거나 동사 go를 활용하죠. 여기에 방향 전치사 to를 써서 '~로 가다'라는 뜻을 만들 수 있어요.

문장 뼈대 I(주어) go(동사) + 전명구 + 전명구

핵심문장 만들기   추가문장 만들기

Step **1-1**   주어 + **동사**

• 난 / 가
• I / go

Step **1-2**   주어 + **동사** + **전명구**

• 난 / 가 / 직장에
• I go / to work*

          to school (학교에)
          to church (교회에)
          to Seoul (서울에)
          to Chicago (시카고에)
          to the fitness club (헬스클럽에)

* **work** 일, 직장

Step 1-3 **주어 + 동사 + 전명구 + 전명구**

- 난 / 가 / 직장에 / 지하철로
- I go to work / **by subway**[*]

  by bus (버스로)
  by taxi (택시로)
  by train (기차로)

* **by subway**
   지하철로

Step 2 **Actual Dialogue**

Ⓐ How do you get to work every day?

Ⓑ 지하철로 출근해.

Ⓐ 매일 어떻게 직장에 가?

Ⓑ I go to work by subway.

TIP

1. 동사 go 다음에 전치사 to(~로)를 써서 '~로 가다'라고 표현해요.
2. '직장에 가다', '출근해'를 간단하게 go to work 또는 get to work이라고 합니다.
3. 방법, 수단의 뜻을 지닌 전치사가 by예요.
4. '지하철로'는 by subway, '버스로'는 by bus처럼 전치사 by 다음에 교통수단이 나와요.
5. 동사 go 대신에 '통근하다'의 commute를 넣어 I commute to work by subway. 처럼 표현하기도 하죠.

1

대화를 '나'로 시작할 때!

QR코드를 찍어
원어민의 음성을
들어보세요!

UNIT

05

[주어+과거 동사+목적어+전명구+시간 부사(구/절)]

주어+과거동사+목적어+전명구+시간부사(구/절)

Pattern 017

I made...

~ 만들었어요

기본문법정리

동사 make의 과거형이 made예요. 기본적으로 '만들다'라는 뜻이지만, 뒤에
나오는 목적어에 따라 의미가 조금씩 바뀌게 되죠.

문장 뼈대 I(주어) made(동사)+목적어+전명구+시간 부사(구/절)

핵심문장 만들기   추가문장 만들기

Step 1-1 주어 + 과거 동사

• 난 / 만들었어
• I / made

Step 1-2 주어 + 과거 동사 + 목적어

• 난 / 만들었어 / 케이크를
• I made / a cake*

    a reservation (예약을)
    a decision (결정을)
    mistakes (실수들을)

* cake 케이크

Step 1-3 주어 + 과거 동사 + 목적어 + 전명구

• 난 / 만들었어 / 케이크를 / 거실에서
• I made a cake / in the living room*

    in the microwave (전자레인지로)
    at my school (학교에서)
    at home (집에서)

* in the living
room 거실에서

Step 1-4 **주어 + 과거 동사 + 목적어 + 전명구 + 시간 부사(구)**

- 난 / 만들었어 / 케이크를 / 거실에서 / 지난밤에
- I made a cake in the living room / last night*

  yesterday (어제)
  this morning (오늘 아침)
  a couple of hours ago (몇 시간 전에)

* last night
지난밤에

Step 2 Actual Dialogue

Ⓐ What did you do last night?

Ⓑ 지난밤에 거실에서 케이크를 만들었어.

Ⓐ 지난밤에 뭐했어?

Ⓑ I made a cake in the living room last night.

TIP

1. 동사 make의 과거형은 made예요. '만들다'에서 '만들었다'로 바뀌게 되는 셈이죠.
2. 동사 make의 목적어로 a reservation이 나와 make a reservation (make reservations)이라고 하면 '예약하다'의 뜻이고, a mistake가 나와 make a mistake(make mistakes)라고 하면 '실수하다'의 뜻이에요.
3. last night이 '지난밤에'의 뜻으로 과거 시제를 나타내므로 made가 사용되었어요.
4. 전명구(전치사구)인 in the living room을 생략해도 문장이 완벽합니다.
5. 전치사 in은 월(月), 장소, 시간 앞에 나와요. 예를 들어 in May(5월에), in Seoul(서울에서), in the morning(아침에)처럼 말이에요.

주어+과거동사+목적어+전명구+시간부사(구/절)

Pattern 018

• I took...

~ 했어요

기본문법정리

동사 take 뒤에 'a+동작 명사'가 목적어로 나올 경우에는 take의 뜻이
'(뭔가를) 하다', '행하다'예요. took은 동사 take의 과거형이므로 I took...은
'~ 했어요'가 되는 거죠.

문장 뼈대 I(주어) took(동사)+목적어+전명구+시간 부사(구/절)

핵심문장 만들기   추가문장 만들기

Step 1-1 **주어 + 과거 동사**

• 난 / 했어
• I / took

Step 1-2 **주어 + 과거 동사 + 목적어**

• 난 / 했어 / 샤워를
• I took / a shower*

> **a nap** (낮잠을)
> **a break** (휴식을)
> **a walk** (산책을)

* take a shower
샤워를 하다

Step 1-3 **주어 + 과거 동사 + 목적어 + 전명구**

• 난 / 했어 / 샤워를 / 집에서
• I took a shower / at home*

> **at a fitness club** (헬스클럽에서)
> **at a public bathhouse** (대중목욕탕에서)
> **at my friend's house** (친구 집에서)

* at home
집에서

Step 1-4 주어 + 과거 동사 + 목적어 + 전명구 + **시간 부사(구)**

- 난 / 했어 / 샤워를 / 집에서 / 아침에
- I took a shower at home / **in the morning**[*]

  last night (지난밤에)
  early in the morning (아침 일찍)
  yesterday morning (어제 아침에)

  * in the morning
    아침에

Step 2 Actual Dialogue

Ⓐ When did you take a shower?

Ⓑ 아침에 집에서 샤워했어.

Ⓐ 언제 샤워한 거야?

Ⓑ I took a shower at home in the morning.

TIP

1. '샤워를 하다'를 take a shower, have a shower 또는 hit the shower라고 표현해요.
2. home은 명사로 '집'이지만 부사로는 '집에(으로)'예요. 그러므로 '집에(으로) 가다'라고 할 때는 go home이 되어야 하죠.
3. at home은 '집에(서)'라는 뜻이에요. 여기서 home은 명사이며 장소 전치사 at이 명사 앞에 나옵니다.
4. 전치사 in이 명사 앞에 나와 시간 또는 장소 부사구 역할을 하는데요, in the morning은 '아침에'라는 뜻으로 시간 부사구 역할을 합니다.
5. at home과 in the morning을 생략하고 I took a shower.라고만 해도 '난 샤워 했어.'처럼 완전한 문장이 되죠.

Pattern 019

I called...

~ 전화했어요

기본문법정리

'전화하다'의 뜻인 call은 뒤에 나오는 목적어에 따라 '부르다', '(회의를) 소집하다'처럼 다양한 의미로 사용돼요. called는 call의 과거형이에요.

문장 뼈대 I(주어) called(동사)+목적어+전명구+시간 부사(구/절)

핵심문장 만들기   추가문장 만들기

Step 1-1 주어 + **과거 동사**

- 난 / 전화했어
- I / called

Step 1-2 주어 + 과거 동사 + **목적어**

- 난 / 전화했어 / 토니에게
- I called / Tony

  my co-worker (내 직장동료에게)
  my mom (내 엄마에게)
  my friend (내 친구에게)

Step 1-3 주어 + 과거 동사 + 목적어 + **전명구**

- 난 / 전화했어 / 토니에게 / 그의 휴대폰으로
- I called Tony / on his cell phone*

  on his mobile phone (그의 휴대폰으로)
  on his smartphone (그의 스마트폰으로)
  on his phone (그의 전화로)

* cell phone
휴대폰

Step 1-4 주어 + 과거 동사 + 목적어 + 전명구 + **시간 부사절**

- 난 / 전화했어 / 토니에게 / 그의 휴대폰으로 / 서울에 있었을 때
- I called Tony on his cell phone
  / when I was in Seoul

  when I was at home (집에 있었을 때)
  when I was in New York (뉴욕에 있었을 때)
  when I was on vacation (휴가 중이었을 때)

Step 2 Actual Dialogue

Ⓐ When did you call Tony?

Ⓑ 서울에 있었을 때 휴대폰으로 토니에게 전화했어.

Ⓐ 언제 토니한테 전화한 거야?

Ⓑ I called Tony on his cell phone when I was in Seoul.

TIP

1. 동사 call은 '전화하다'예요. 비슷한 표현으로 give ~ a call(buzz)(~에게 전화를 걸다), phone(전화하다) 등이 있어요.
2. '그의 휴대폰으로'에서 '으로'에 해당되는 전치사가 on이에요.
3. '휴대폰'을 cell phone 또는 mobile phone이라고 표현하죠.
4. 시간 부사절인 when I was in Seoul을 강조하기 위해 문장 앞으로 도치시키면 When I was in Seoul, I called Tony on his cell phone.처럼 됩니다.
5. was처럼 be동사는 '~이다', '~한 상태이다', '~에 있다'처럼 해석되죠. 그러므로 when I was in Seoul은 '서울에 있었을 때'의 뜻이 되는 거예요.

Pattern 020

I met...
~ 만났어요

기본문법정리

동사 meet은 '만나다'라는 뜻이고 과거형은 met이죠. 하지만 목적어로 나오는 명사에 따라서 '만족시키다', '충족시키다'의 뜻도 돼요.

문장 뼈대 I(주어) met(동사)+목적어+전명구+시간 부사(구/절)

| 핵심문장 만들기 | 추가문장 만들기 |

Step 1-1 주어 + 과거 동사

• 난 / 만났어
• I / met

Step 1-2 주어 + 과거 동사 + **목적어**

• 난 / 만났어 / 그를
• I met / him

   John Kim (존 김을)
   my younger brother (내 남동생을)
   my ex-boyfriend (전 남자 친구를)

Step 1-3 주어 + 과거 동사 + 목적어 + **전명구**

• 난 / 만났어 / 그를 / 부산에서
• I met him / in Busan*

   in Tokyo (도쿄에서)
   in the library (도서관에서)
   in a cafe (카페에서)

* in Busan
부산에서

Step 1-4   주어 + 과거 동사 + 목적어 + 전명구 + **시간 부사(구)**

• 난 / 만났어 / 그를 / 부산에서 / 몇 시간 전에
• I met him in Busan / a few hours ago*

> **a few days ago** (며칠 전에)
> **a week ago** (일주일 전에)
> **a couple of hours ago** (몇 시간 전에)

* **a few hours
   ago**
   몇 시간 전에

Step 2   Actual Dialogue

Ⓐ When did you meet Kevin?

Ⓑ 몇 시간 전에 그를 부산에서 만났어.

Ⓐ 언제 케빈을 만났어?

Ⓑ I met him in Busan a few hours ago.

TIP

1. 동사 meet은 '만나다'지만 meet the deadline처럼 목적어로 the deadline (마감일)이 나오면 '마감일을 맞추다'의 뜻이에요.
2. 주어(I)+과거 동사(met)+목적어(him)의 구조만으로도 완전한 문장이 돼요.
3. 진치사 in은 'in+공간(넓은 범위)'의 구조를 가져요.
4. 숙어로 a few hours ago라고 하면 그 뜻은 '몇 시간 전에'예요.
5. 시간 접속사 when은 보통 현재, 과거, 미래 시제들과 함께 사용됩니다. 하지만 완료 시제와는 어울리지 않죠.

주어+과거동사+목적어+전명구+시간부사(구/절)

Pattern 021

• **I got...**
~ 받았어요

기본문법정리

동사 get은 '얻다', '받다', '알아듣다', '이해하다', '가지다'처럼 다양한 뜻을
가져요. 그만큼 사용빈도가 높은 동사죠. 여기서 got은 '받았다'로 동사 get의
과거형입니다.

문장 뼈대 I(주어) got(동사) + 목적어 + 전명구 + 시간 부사(구/절)

　　　　　핵심문장 만들기　　　　　추가문장 만들기

Step 1-1 주어 + **과거 동사**

• 난 / 받았어
• I / got

Step 1-2 주어 + 과거 동사 + **목적어**

• 난 / 받았어 / 생일 선물을
• I got / a birthday present*

    a letter (편지를)
    a phone call (전화를)
    a text message (문자를)

* a birthday
  present
생일 선물

Step 1-3 주어 + 과거 동사 + 목적어 + **전명구**

• 난 / 받았어 / 생일 선물을 / 아빠로부터
• I got a birthday present / from my dad*

    from my mom (엄마로부터)
    from my best friend (가장 친한 친구로부터)
    from my girlfriend (여자 친구로부터)

* dad 아빠

Step 1-4 **주어 + 과거 동사 + 목적어 + 전명구 + 시간 부사(구)**

- 난 / 받았어 / 생일 선물을 / 아빠로부터 / 지난밤에
- I got a birthday present from my dad
                              / last night*

    this morning (오늘 아침에)
    a minute ago (조금 전에)
    yesterday (어제)

* last night
  지난밤에

Step 2 **Actual Dialogue**

Ⓐ 지난밤에 아빠로부터 생일 선물 받았어.

Ⓑ Oh, really? I didn't know it was your birthday yesterday.

Ⓐ I got a birthday present from my dad last night.

Ⓑ 오, 정말이야? 어제가 니 생일인 줄 몰랐어.

TIP

1. a birthday present는 '생일 선물'이에요.
2. get과 receive 둘 다 같은 뜻이지만 receive가 좀 더 딱딱한 느낌이 나죠. 문어체에서 더 많이 사용돼요.
3. '아버지'를 호칭하는 어휘에는 dad, daddy, father가 있어요.
4. last night처럼 last를 넣어 last Sunday(지난 일요일에), last year(작년), last name(성), last week(지난주)처럼 표현할 수 있어요.
5. from my dad처럼 전명구(전치사구)를 강조해서 말하고 싶을 때는 문장 맨 앞으로 빼면 되죠.

주어+과거동사+목적어+전명구+시간부사(구/절)

Pattern **022** • I told...

~ 말했어요

기본문법정리

동사 tell은 '말하다'로 'tell+사람(간접 목적어)+사물(직접 목적어)'처럼 **4**형식 구조를 가져요. **3**형식으로 바꾸면 'tell+사물+to사람'이 되죠.

문장 뼈대 I(주어) told(동사)+목적어+전명구+시간 부사(구/절)

핵심문장 만들기   추가문장 만들기

Step 1-1 **주어 + 과거 동사**

• 난 / 말했어
• I / told

Step 1-2 **주어 + 과거 동사 + 목적어**

• 난 / 말했어 / 진실을
• I told / the truth*

　　　my secret (내 비밀을)
　　　the news (뉴스를)
　　　the story (그 이야기를)

* truth 진실

Step 1-3 **주어 + 과거 동사 + 목적어 + 전명구**

• 난 / 말했어 / 진실을 / 존에게
• I told the truth / to John

　　　to my partner (내 파트너에게)
　　　to my wife (내 부인에게)
　　　to my friend (내 친구에게)

Step 1-4 주어 + 과거동사 + 목적어 + 전명구 + **시간 부사(구)**

- 난 / 말했어 / 진실을 / 존에게 / 어제 아침에
- I told the truth to John / yesterday morning*

> last Tuesday (지난 화요일에)
> several days ago (며칠 전에)
> this morning (오늘 아침)

* yesterday morning 어제 아침에

Step 2 Actual Dialogue

Ⓐ 어제 아침에 존에게 진실을 말했어.

Ⓑ You did? I didn't know.

Ⓐ I told the truth to John yesterday morning.

Ⓑ 그랬어? 몰랐네.

TIP

1. 동사 tell은 'tell+사람+사물'처럼 4형식으로 사용되지만, 'tell+사물+to사람'의 구조로 바뀔 수 있어요. 즉, 사물(직접 목적어)이 사람(간접 목적어) 자리에 오게 되면 뒤에는 'to+사람'의 구조가 뒤따르게 되죠.

2. '진실을 말하다'는 tell the truth에요.

3. 전치사 to 다음에 대명사가 나올 때는 him처럼 목적격을 써야 합니다.

4. '오늘 아침에'는 this morning이지만 '어제 아침에'는 yesterday morning으로 표현해요.

5. I told the truth to John.(난 진실을 존에게 말했다)을 I told John the truth. (난 존에게 진실을 말했다)라고도 하죠.

Pattern 023

• I heard...

~ 들었어요

기본문법정리

동사 hear의 과거형인 heard은 '들었다'예요. 자동사나 타동사로 사용되죠.
자동사로 전치사 of, about, from의 도움을 받아야 목적어를 취할 수가 있어요.

문장 뼈대 I(주어) heard(동사)+목적어+전명구+시간 부사(구/절)

핵심문장 만들기   추가문장 만들기

Step 1-1 **주어 + 과거 동사**

- 난 / 들었어
- I / heard

Step 1-2 **주어 + 과거 동사 + 목적어**

- 난 / 들었어 / 그것을
- I heard / it

   that story (그 이야기를)
   about that accident (그 사고에 대해)
   that bit of news (그 뉴스 한 가지를)

Step 1-3 **주어 + 과거 동사 + 목적어 + 전명구**

- 난 / 들었어 / 그것을 / 풍문으로
- I heard it / through the grapevine*

   through the news (뉴스로)
   through the radio (라디오로)
   through my friend (친구를 통해)

* through the
grapevine
풍문으로

Step 1-4 **주어 + 과거 동사 + 목적어 + 전명구 + 시간 부사(구)**

- 난 / 들었어 / 그것을 / 풍문으로 / 요전 날

- I heard it through the grapevine
  / the other day*

  in the morning (아침에)
  a few hours ago (몇 시간 전에)
  a couple of minutes ago (몇 분 전에)

* the other day
요전 날

Step 2 **Actual Dialogue**

Ⓐ How did you know that I got divorced?

Ⓑ 요전 날 그걸 풍문으로 들었어.

Ⓐ 내가 이혼할 걸 어떻게 알았어?

Ⓑ I heard it through the grapevine the other day.

TIP

1. 동사 hear는 '듣다', '~이 들리다'로 구어체에서 I can't hear you.라고 하면 '(전화상에서) 안 들려.'의 뜻이에요.

2. through(on) the grapevine이라고 하면 '포도 덩굴을 통해'가 직역이죠. 하지만 구어체에서는 '풍문으로', '소문으로'라는 뜻이에요. 즉, 포도 덩굴은 너무 얽히고 설켜 어디가 시작점이고 끝점인지 알 수가 없잖아요. 이를 빗대어서 한 말이에요.

3. 마빈 게이[Marvin Gaye]가 불러 인기를 얻었던 팝송 제목이 I heard it through the grapevine.입니다.

4. the other day는 '전날' 또는 '요전 날'의 뜻입니다.

5. 숙어로 get divorced는 '이혼하다'예요.

Chapter

1

대화를 '나'로 시작할 때!

QR코드를 찍어
원어민의 음성을
들어보세요!

UNIT

06

[주어+동사+동명사+전명구]

주어+동사+동명사+전명구

Pattern 024 • I feel like...

~하고 싶어요

기본문법정리

숙어로 feel like+동명사는 '~하고 싶다'라는 뜻이에요. 여기서 like는 동사가 아니라 전치사 역할을 하죠. 동사가 목적어로 올 때는 동명사 구조가 되어야 합니다.

문장 뼈대 I(주어) feel like(동사) + 동명사 + 전명구

핵심문장 만들기   추가문장 만들기

Step 1-1 주어 + **동사**

• 난 / 싶어
• I / feel like

Step 1-2 주어 + 동사 + **동명사**

• 난 / 싶어 / 생선 먹고
• I feel like / having fish*

     driving (운전하고)
     going out (외출하고)
     cooking (요리하고)
     going clubbing (클럽 가고)
     eating out (외식하고)

* have fish
생선 먹다

Step 1-3 **주어 + 동사 + 동명사 + 전명구**

• 난 / 싶어 / 생선 먹고 / 아침으로

• I feel like having fish / for breakfast*

for lunch (점심으로)
for dinner (저녁으로)
for supper (저녁으로)

* breakfast 아침

Step 2 **Actual Dialogue**

Ⓐ 아침으로 생선 먹고 싶어.

Ⓑ So do I.

Ⓐ I feel like having fish for breakfast.

Ⓑ 나도 마찬가지야.

TIP

1. 뭔가를 하고 싶은 마음이 불현듯 들 때 feel like+동명사의 구조를 사용해요.

2. feel like+동명사와 비슷한 의미를 갖는 표현이 want to+동사입니다.

3. 동사 have는 '가지다'지만 구어체에서는 '먹다(eat)' 또는 '마시다(drink)'의 뜻도 돼요.

4. 여기서 have fish는 '생선을 가지다'가 아니라 '생선 먹다'입니다.

5. '아침으로'에서 '으로'에 해당되는 전치사가 for예요. 그러므로 for breakfast가 '아침으로'의 뜻이 됩니다.

주어+동사+동명사+전명구

Pattern 025

I don't feel like...

~하고 싶지 않아요, ~할 기분 아니에요

기본문법정리

I feel like+동명사를 부정문으로 만들면 I don't feel like+동명사가 되죠. '~하고 싶어요'가 '~하고 싶지 않아요', '~할 기분 아니에요'로 뜻이 바뀌게 되는 겁니다.

문장 뼈대 I(주어) don't feel like(동사) + 동명사 + 전명구

핵심문장 만들기   추가문장 만들기

Step 1-1   **주어 + 동사**

• 난 / 싶지 않아
• I / don't feel like

Step 1-2   **주어 + 동사 + 동명사**

• 난 / 싶지 않아 / 아무것도 하고
• I don't feel like / doing anything

eating anything (아무것도 먹고)
staying here (여기 머물고)
drinking coffee (커피 마시고)
watching movies (영화 보고)
leaving too early (너무 일찍 떠나고)

Step 1-3 **주어 + 동사 + 동명사 + 전명구**

- 난 / 싶지 않아 / 아무것도 하고 / 주말에는
- I don't feel like doing anything
                              / on the weekend

> **on Sundays** (매주 일요일에는)
> **on Christmas day** (크리스마스 날에는)
> **on my birthday** (내 생일에는)

Step 2 Actual Dialogue

Ⓐ 주말에는 아무것도 하고 싶지 않아.

Ⓑ I hear you. I think you need a rest.

Ⓐ I don't feel like doing anything on the weekend.

Ⓑ 이해가 돼. 넌 좀 쉬어야 될 것 같아.

TIP

1. 뭔가를 하고 싶은 기분이 들지 않을 때, I don't feel like+동명사의 패턴을 사용합니다.

2. I don't feel like+동명사를 I don't want to+동사로도 표현할 수 있어요.

3. 동사 like은 '좋아하다'지만 여기서 like은 전치사이기 때문에 뒤에 동명사(-ing)나 명사 역할을 하죠.

4. 전명구(전치사구)인 on the weekend의 뜻은 '주말에'의 뜻이에요.

5. '만사가 귀찮아.'를 I don't feel like doing anything.처럼 표현할 수 있어요.

Pattern 026
I don't mind...
~하는 거 괜찮아요

기본문법정리

동사 mind는 '주저하다', '꺼려하다'예요. 마음 내키지 않은 일이 있을 때 사용
하죠. 즉, I don't mind+동명사는 '~하는 거 꺼리지 않아요'가 직역이고, 원래
뜻은 '~하는 거 괜찮아요'예요. 여기서 동사 mind는 동명사(-ing)를 목적어로
취하죠.

문장 뼈대 I(주어) don't mind(동사) + 동명사 + 전명구

핵심문장 만들기　　　　　　　추가문장 만들기

Step 1-1　주어 + 동사

- 난 / 괜찮아
- I / don't mind*

* mind 주저하다

Step 1-2　주어 + 동사 + 동명사

- 난 / 괜찮아 / 기다려도
- I don't mind / waiting*

* wait 기다리다

waiting here (여기서 기다려도)
leaving early (일찍 떠나도)
helping her out (그녀를 도와도)
standing here (여기에 서 있어도)
buying you lunch (너에게 점심 사줘도)

주어 + 동사 + 동명사 + 전명구

- 난 / 괜찮아 / 기다려도 / 줄 서서
- I don't mind waiting / in line*

          * in line 줄 서서

in the lobby (로비에서)
at the airport (공항에서)
at a coffee shop (커피숍에서)

Actual Dialogue

Ⓐ 줄 서서 기다려도 난 괜찮아.
Ⓑ Okay, thanks.

Ⓐ I don't mind waiting in line.
Ⓑ 알았어, 고마워.

TIP

1. 동사 mind는 목적어로 동명사(-ing)를 취해요.
2. I don't mind.는 I don't care.처럼 '상관없어.'의 뜻이에요.
3. '줄 서서 기다리다'를 wait in line이라고 하죠.
4. I don't mind waiting in line.을 직역하면 '줄 서서 기다리는 거 난 꺼리지 않아.' 지만 결국 '줄 서서 기다려도 난 괜찮아.'라는 뜻이에요.
5. in line을 활용해서 Are you standing in line?이라고 하면 '줄 선 건가요?'의 의미 입니다.

주어+동사+동명사+전명구

Pattern **027**

I gave up...
~ 그만뒀어요, ~ 포기했어요

기본문법정리

숙어로 give up은 '포기하다', '그만두다'예요. 뒤에 drinking 또는 smoking이
나오면 '끊다'가 되죠. 여기서 중요한 것은 give up 다음에 동사가 목적어로 나올
때는 동명사(-ing) 구조가 되어야 합니다.

문장 뼈대 I(주어) feel like(동사) + 동명사 + 전명구

핵심문장 만들기   추가문장 만들기

Step **1-1**   주어 + **동사**

• 난 / 끊었어
• I / gave up*

* give up
포기하다

Step **1-2**   주어 + 동사 + **동명사**

• 난 / 끊었어 / 술 마시는 거
• I gave up / drinking

    smoking (담배 피우는 거)
    drinking coffee (커피 마시는 거)
    exercising (운동하는 거)
    learning Japanese (일본어 배우는 거)
    studying English (영어 공부하는 거)

Step 1-3 주어 + 동사 + 동명사 + 전명구

- 난 / 끊었어 / 술 마시는 거 / 어떤 이유로 인해
- I gave up drinking / for a certain reason*

  for my health (내 건강을 위해)
  for my well-being (내 건강(행복)을 위해)
  for the same reason (같은 이유로)

* for a certain
   reason
  어떤 이유로 인해

Step 2 Actual Dialogue

Ⓐ 어떤 이유로 난 술 끊었어.

Ⓑ Oh, really? That's good to know.

Ⓐ I gave up drinking for a certain reason.

Ⓑ 오, 정말이야? 그렇다면 다행이야.

TIP

1. '포기하다', '그만두다'의 뜻으로 give up을 사용해요.

2. give up drinking은 '술 끊다'고, give up smoking은 '담배 끊다'입니다.

3. That's good to know.(그렇다면 다행이야)는 원래 It's good to know that. 입니다. 여기서 that을 문장 맨 앞으로 도치했어요.

4. 전명구(전치사구)인 for a certain reason은 '어떤 이유로 인해'의 뜻이에요.

5. give up을 활용해서 '일본어 배우는 거 그만뒀어.'라고 할 때는 I gave up learning Japanese.처럼 표현해요.

Chapter 1

대화를 '나'로 시작할 때!

QR코드를 찍어
원어민의 음성을
들어보세요!

UNIT

07

[주어+be동사+현재분사+to부정사+전명구]

주어+be동사+현재분사+to부정사+전명구

Pattern **028**

• I'm trying to...

~하려고 노력 중이에요, ~하려고 해요

기본문법정리

숙어로 be trying to+동사원형은 '~하려고 노력 중이다', '~하려고 해'의 뜻이에요. 노력해서 이루고 싶은 일을 말할 때 사용하죠.

문장 뼈대 I'm(주어) trying(현재분사) + to부정사 + 전명구

핵심문장 만들기   추가문장 만들기

Step 1-1 주어 + be동사

- 난
- I'm

Step 1-2 주어 + be동사 + **현재분사**

- 난 / 노력 중이야
- I'm / trying*

* try 노력하다

Step 1-3 주어 + be동사 + 현재분사 + **to부정사**

- 난 / 노력 중이야 / 도와주려고
- I'm trying / to help* you

* help 돕다

        to gain weight (살찌려고)
        to work out (운동하려고)
        to understand (이해하려고)
        to get off work (퇴근하려고)
        to buy a computer (컴퓨터 사려고)

Step 1-4 주어 + be동사 + 현재분사 + to부정사 + **전명구**

- 난 / 노력 중이야 / 도와주려고 / 네 일을
- I'm trying to help you / **with your work***

  with your English (네 영어를)
  with your homework (네 숙제를)
  with your assignment (네 과제를)

* work 일

Step 2 Actual Dialogue

Ⓐ 네 일을 도와주려고 하는 거야.

Ⓑ Thanks, but I think I can do this by myself.

Ⓐ I'm trying to help you with your work.

Ⓑ 고마운데, 이거 혼자 할 수 있을 것 같아.

TIP

1. 노력해서 이루고 싶은 일이 있을 때는 to부정사(to+동사원형)에서 동사만 바꿔 표현하면 돼요.
2. 동사 help는 '돕다'지만, 명사로는 '도움'이에요.
3. help+목적어+with+명사는 '(남의) (일을) 거들다'라는 뜻이에요.
4. I'm trying to help you.는 '널 도와주려고 하는 거야.'에요. 하나의 완전한 표현이 되죠.
5. 숙어로 by oneself는 '혼자', '홀로'의 의미입니다. 다른 말로 alone이라고 하죠.

주어+be동사+현재분사+to부정사+전명구

I'm planning to...
~할 계획이에요, ~할 생각이에요

Pattern 029

기본문법정리

동사 plan은 '계획하다'라는 뜻이에요. 이 동사를 활용해서 I'm planning to+ 동사로 표현하면 '~할 계획이에요', '~할 생각이에요'의 의미가 되죠. 계획 하고 생각하고 있던 일을 하려고 할 때 사용합니다.

문장 뼈대 I'm(주어) planning(현재분사) + to부정사 + 전명구

핵심문장 만들기   추가문장 만들기

Step 1-1 주어 + be동사

• 난
• I'm

Step 1-2 주어 + be동사 + 현재분사

• 난 / 계획이야
• I'm / planning

Step 1-3 주어 + be동사 + 현재분사 + to부정사

• 난 / 계획이야 / 돌아갈
• I'm planning / to get back*

  to move out (이사 갈)
  to book a table (좌석을 예약할)
  to do that (그걸 할)
  to cancel my flight (항공편을 취소할)
  to return the book (그 책을 반납할)

* get back
돌아가다

주어 + be동사 + 현재분사 + to부정사 + 전명구

• 난 / 계획이야 / 돌아갈 / 서울로

I'm planning to get back / to Seoul

to Sydney (시드니로)
to Canada (캐나다로)
to Chicago (시카고로)

Ⓐ What are you planning to do tomorrow?

Ⓑ 서울로 돌아갈 계획이야.

Ⓐ 내일 뭐 할 계획인데?

Ⓑ I'm planning to get back to Seoul.

TIP

1. 동사 plan을 planning으로 표현하면 현재분사 또는 동명사 역할을 하게 되죠.
2. '돌아가다', '복귀하다'를 get back 또는 return이라고 해요.
3. 방향 전치사 to를 써서 to Seoul이라고 하면 '서울로'라는 뜻이 되는 거예요.
4. I'm planning to get back to Seoul.을 I'm planning to return to Seoul.로 바꿔 표현할 수 있어요.
5. be planning to+동사와 비슷한 표현이 be going to+동사입니다.

주어+be동사+현재분사+to부정사+전명구

Pattern **030**

I'm going to...

~할 거예요, ~에 가는 중이에요, ~에 갈 거예요

기본문법정리

be going to+동사원형은 '~할 것이다'라는 뜻으로 조동사 will하고 의미가 같죠. 하지만 will이 불확실한 미래인 반면에 be going to+동사원형은 미래에 할 일을 과거에 미리 결정한 상태를 말해요. to 다음에 장소가 나오면 '~에 가는 중이다', '~에 갈 것이다'의 뜻이에요.

문장 뼈대 **I'm(주어) going(현재분사) + to부정사 + 전명구**

핵심문장 만들기　　　　　　추가문장 만들기

Step **1-1**　　주어 + be동사

- 난
- **I'm**

Step **1-2**　　주어 + be동사 + 현재분사

- 난 / 거야
- **I'm / going**

Step **1-3**　　주어 + be동사 + 현재분사 + to부정사

- 난 / 거야 / 출장을 떠날
- **I'm going / to take a business trip***

  to take a day off (하루 쉴)

  to take a vacation (휴가 갈)

  to take a sleeping pill (수면제를 먹을)

  to take a nap (낮잠 잘)

  to take a shower (샤워할)

* take a
business trip
출장을 떠나다

Step 1-4 주어 + be동사 + 현재분사 + to부정사 + **전명구**

- 난 / 거야 / 출장을 떠날 / 뉴욕으로
- I'm going to take a business trip / to New York*

  to Hong Kong (홍콩으로)
  to Italy (이탈리아로)
  to Paris (파리로)

*to New York
  뉴욕으로

2 Actual Dialogue

Ⓐ What are your plans for tonight?

Ⓑ 뉴욕으로 출장 갈 거야

Ⓐ 오늘 밤 계획이 뭔데?

Ⓑ I'm going to take a business trip to New York.

TIP

1. 미래에 할 일을 과거에 미리 결정해 둔 상태를 말할 때는 be going to+동사로 표현합니다.

2. '출장을 떠나다'는 take a business trip, go on a business trip이라고 해요.

3. 방향 전치사 to는 우리말에 '~로'에 해당돼요. 그러므로 to New York은 '뉴욕으로'라는 뜻이에요.

4. 동사 take를 사용하는 표현 중에 take a shower(샤워를 하다), take a business trip(출장 떠나다), take a nap(낮잠 자다), take a vacation(휴가를 가다), take a day off(하루 쉬다)등이 있습니다.

5. I'm going to+동사에서 be동사 am을 과거 was로 바꿔 I was going to+동사라고 말하면 '~하려고 했어'의 뜻이에요. 뭔가 하려던 것을 못하게 되었을 때 상대방으로부터 양해를 구하고자 사용하죠.

Pattern 031

I'm calling to...

~하려고 전화했어요

기본문법정리

I'm calling to+동사라고 하면 '~하려고 전화했어요'예요. 동사 call의 뜻은 '전화하다'죠. to부정사(to+동사원형)가 전화를 건 이유를 설명해 주는 역할을 합니다.

문장 뼈대 I'm(주어) calling(현재분사) + to부정사 + 전명구

핵심문장 만들기   추가문장 만들기

Step 1-1   주어 + be동사

• 난
• I'm

Step 1-2   주어 + be동사 + 현재분사

• 난 / 전화했어요
• I'm / calling

Step 1-3   주어 + be동사 + 현재분사 + to부정사

• 난 / 전화했어요 / 예약하려고
• I'm calling / to make a reservation*

    to book a room (방 예약하려고)
    to book a seat (좌석을 예약하려고)
    to ask you a favor (부탁하려고)
    to ask you out for a date (데이트 신청하려고)
    to ask you something (뭔가 물어보려고)

* make a
reservation
예약하다

Step 1-4 **주어 + be동사 + 현재분사 + to부정사 + 전명구**

- 난 / 전화했어요 / 예약하려고 / 방을
- I'm calling to make a reservation / **for a room**

> **for two rooms** (방 두 개)
> **for tomorrow night** (내일 밤)
> **for** 3 **people** (세 사람 자리를)

Step 2 Actual Dialogue

Ⓐ Hello. This is Lotte Hotel. How may I help you?

Ⓑ 안녕하세요. 방 예약하려고 전화했어요.

Ⓐ 안녕하세요. 롯데호텔입니다. 어떻게 도와드릴까요?

Ⓑ Hello. I'm calling to make a reservation for a room.

TIP

1. 상대방에게 전화를 건 목적을 얘기하고자 할 때 I'm calling to+동사 패턴을 사용해요.
2. '예약하다'를 make a reservation 또는 make reservations라고 하죠.
3. '방을 예약하다'를 간단하게 book a room이라고 표현하는데요, 여기서 book은 동사로 '예약하다'예요.
4. 동사 make와 관련된 표현 중에 make mistakes(실수하다), make a decision (결정하다), make money(돈을 벌다)등이 있어요.
5. 도움이 필요한 호텔 손님에게 다가가 How may I help you?(어떻게 도와드릴까요?)처럼 말 건넬 수 있습니다.

1

대화를 '나'로 시작할 때!

QR코드를 찍어
원어민의 음성을
들어보세요!

[주어+be동사+과거분사+to부정사+전명구]

Pattern 032 • I'm supposed to...

~하기로 되어있어요, ~해야 해요

기본문법정리

숙어로 be supposed to+동사는 '~하기로 되어 있다' 또는 '~해야 해'의 뜻이
에요. 예정된 일이나 의무에 대해 언급할 때 사용하죠.

문장 뼈대 I'm(주어) supposed(과거분사) + to부정사 + 전명구

핵심문장 만들기   추가문장 만들기

Step **1-1**   주어 + be동사

- 난
- I'm

Step **1-2**   주어 + be동사 + 과거분사

- 난 / 해
- I'm / supposed

Step **1-3**   주어 + be동사 + 과거분사 + to부정사

- 난 / 해 / 떠나야
- I'm supposed / to leave*   * leave 떠나다

  to do the laundry (빨래해야)
  to do this (이걸 해야)
  to have a party (파티를 열어야)
  to make a guest list (손님 명단을 작성해야)
  to go out for some lunch (점심 먹으러 나가야)

Step 1-4 주어 + be동사 + 과거분사 + to부정사 + **전명구**

- 난 / 해 / 떠나야 / 5분 후에
- I'm supposed to leave / **in five minutes**[*]

in ten minutes (10분 후에)
on Monday (월요일에)
at 6 (6시에)

* in five minutes
5분 후에

Step 2 Actual Dialogue

Ⓐ Can you help me do the laundry?

Ⓑ 미안하지만, 5분 후에 떠나야 해.

Ⓐ 빨래하는 거 도와줄래?

Ⓑ Sorry, but I'm supposed to leave in five minutes.

1. 예정된 일을 be supposed to+동사를 사용하죠. 예를 들어 마이클 볼튼[Michael Bolton]의 How am I supposed to live without you?는 '그대 없이 어떻게 살란 말이요?'라는 뜻이에요.
2. 동사 leave '(물건) 두다', '맡기다'와 '떠나다'의 뜻이에요. 어딘가로 떠날 때는 보통 전치사 for와 함께 사용되어 leave for+장소 명사라고 하죠.
3. 전치사 in 다음에 시간이 나오면 '~후에'의 뜻이에요. 그러므로 in five minutes은 '5분 후에'의 뜻입니다.
4. live와 leave의 발음이 거의 비슷한데요. 실제로는 live 보다는 leave가 좀 더 길게 발음돼요.
5. 숙어로 do the laundry는 '빨래하다'에요.

주어+be동사+과거분사+to부정사+전명구

Pattern 033
I'm scheduled to...
~할 계획이에요

기본문법정리

숙어로 be scheduled to+동사는 '~할 계획이다'의 뜻이에요. 즉, 계획 잡혀 있는 일을 말할 때 사용하죠.

문장 뼈대 I'm(주어) scheduled(과거분사) + to부정사 + 전명구

핵심문장 만들기   추가문장 만들기

Step **1-1**   주어 + be동사

• 난
• I'm

Step **1-2**   주어 + be동사 + 과거분사

• 난 / 계획이야
• I'm / scheduled

Step **1-3**   주어 + be동사 + 과거분사 + to부정사

• 난 / 계획이야 / 인터뷰를 할
• I'm scheduled / to have an interview*

> to give a presentation (발표를 할)
> to take a trip (여행할)
> to save money (돈을 저축할)
> to meet her (그녀를 만날)
> to book a flight (항공편을 예약할)

* have an interview
인터뷰를 하다

• 난 / 계획이야 / 인터뷰를 할 / 이사님과

• I'm scheduled to have an interview
/ with the director

with another company (다른 회사와)
with Sam (샘과)
with the president (사장님과)

Ⓐ Peter, what's on the schedule for this afternoon?

Ⓑ 이사님과 인터뷰할 예정이야.

Ⓐ 피터, 오늘 오후 일정이 어떻게 돼?

Ⓑ I'm scheduled to have an interview with the director.

TIP

1. 계획 잡혀있는 일을 상대방에게 말하고자 할 때 유용한 패턴이 I'm scheduled to+동사입니다.

2. '~와 인터뷰를 하다'라고 할 때 have an interview with~라고 하죠.

3. 명사 director는 '감독' 또는 '이사'라는 뜻이에요.

4. '면접'을 영어로는 job interview라고 표현하죠.

5. 숙어로 be on the schedule는 '예정되어 있다'입니다.

1

대화를 '나'로 시작할 때!

QR코드를 찍어
원어민의 음성을
들어보세요!

UNIT

09

[주어+be동사+과거분사+전치사+동명사+전명구]

주어+be동사+과거분사+전치사+동명사+전명구

Pattern **034**

I'm worried about...

~이 걱정돼요

기본문법정리

숙어로 be worried about~은 '~이 걱정되다'예요.

전치사 about 다음에 목적어로는 명사(구) 또는 동명사가 나와야 하죠.

문장 뼈대 **I'm(주어) worried(과거분사) about + 동명사 + 전명구**

핵심문장 만들기 　　　　　　　　　　　추가문장 만들기

Step **1-1** 　주어 + be동사

- 난
- I'm

Step **1-2** 　주어 + be동사 + 과거분사

- 난 / 걱정돼
- I'm / worried

Step **1-3** 　주어 + be동사 + 과거분사 + 전치사 + 동명사

- 난 / 걱정돼 / 해외여행하는 게
- I'm worried / about traveling overseas*

  about living alone (혼자 사는 게)
  about losing my job (실직할까 봐)
  about oversleeping (늦잠 잘까)
  about catching a cold (감기 걸리까)
  about making mistakes (실수할까 봐)

* travel
overseas
해외여행하다

Step 1-4 주어 + be동사 + 과거분사 + 전치사 + 동명사 + **전명구**

- 난 / 걱정돼 / 해외여행하는 게 / 가족과
- I'm worried about traveling overseas
  / with my family*

* family 가족

with my wife (부인과)
with my friend (친구와)
with my son (아들과)

Step 2 Actual Dialogue

Ⓐ Hey, Peter! You look worried. What's wrong?

Ⓑ 가족과 해외여행 가는 게 걱정돼.

Ⓐ 이봐, 피터! 걱정스러워 보여. 무슨 일이야?

Ⓑ I'm worried about traveling overseas with my family.

TIP

1. 동사 worry를 worried라고 하면 형용사(과거분사)로 '걱정되는'의 뜻이에요.
2. 숙어로 be worried about~은 '~이 걱정되다'예요.
3. 전치사 about 다음에 명사(구)가 목적어로 나올 수도 있고, 동사가 목적어로 나올 때는 동명사(-ing) 형태가 되어야 합니다.
4. 전명구(전치사구)인 with my family는 '가족과 함께'의 뜻이에요.
5. travel overseas는 '해외여행하다'의 뜻입니다.

주어+be동사+과거분사+전치사+동명사+전명구

Pattern 035

I'm not worried about...

~이 걱정 안 돼요

기본문법정리

be worried about~의 부정은 부사 not을 be동사 다음에 넣어 be not worried about~이라고 하죠. '~이 걱정 안 돼요'라는 뜻이에요.
동사가 목적어로 올 때는 동명사(-ing) 구조가 되어야 합니다.

문장 뼈대 I'm(주어) not worried(과거분사) about+동명사+전명구

핵심문장 만들기   추가문장 만들기

Step 1-1 주어 + be동사

• 난

• I'm

Step 1-2 주어 + be동사 + 과거분사

• 난 / 걱정 안 돼

• I'm / not worried*

* worried
걱정되는

Step 1-3 주어 + be동사 + 과거분사 + 전치사 + 동명사

• 난 / 걱정 안 돼 / 결혼하는 게

• I'm not worried / about getting married*

    about finding a job (직장 구하는 게)
    about going there (그곳에 가는 게)
    about getting fired (해고당하는 게)
    about spending a lot of money (많은 돈 쓰는 게)
    about traveling alone (혼자 여행하는 게)

* get married
결혼하다

Step 1-4 주어 + be동사 + 과거분사 + 전치사 + 동명사 + **전명구**

- 난 / 걱정 안 돼 / 결혼하는 게 / 신디와
- I'm not worried about getting married
  / to Cindy

  to Blair (블레어와)
  to Juliet (줄리엣과)
  to Bob (밥과)

Step 2 Actual Dialogue

Ⓐ 신디와 결혼하는 거 난 걱정 안 해.

Ⓑ Are you sure? I can't believe it.

Ⓐ I'm not worried about getting married to Cindy.

Ⓑ 확실해? 못 믿겠는데.

TIP

1. get married to~이라고 하면 '~와 결혼하다'예요.

2. '결혼했어.'를 간단하게 I'm married.라고 하면 되고, 아직 결혼 안 한 상태일 때는 I'm not married yet. 또는 I'm still single.이라고 표현합니다.

3. 동사 worry는 '걱정하다', '우려하다'의 뜻이에요. 이 동사를 활용해서 worrying 이라고 하면 '괴롭히는', '마음 졸이는'의 뜻이며, worried라고 하면 '걱정되는'의 뜻이 되는 거죠. 둘 다 형용사 역할을 합니다.

4. I'm not worried about~을 응용해서 I'm not worried about anything.이라고 말하면 '난 아무것도 걱정 안 해.'예요.

5. 남의 한 말이 도무지 믿기지 않을 때 I can't believe it.처럼 말하게 되죠.

Pattern 036

• I'm interested in...

~에 관심 있어요

기본문법정리

뭔가에 관심이 있게 되면 지속적으로 흥미를 유지하려고 하죠. 이럴 때 be interested in+명사(구)/동명사의 구조를 사용해요. 전치사 in 다음에는 목적어로 명사 또는 동명사가 나옵니다.

문장 뼈대 **I'm(주어) interested(과거분사) in + 동명사 + 전명구**

핵심문장 만들기   추가문장 만들기

Step 1-1   **주어 + be동사**

- 난
- **I'm**

Step 1-2   주어 + be동사 + **과거분사**

- 난 / 관심 있어
- **I'm / interested**

Step 1-3   주어 + be동사 + 과거분사 + **전치사 + 동명사**

- 난 / 관심 있어 / 영어 배우는 거
- **I'm interested / in learning English***

    in watching movies (영화 보는 거)
    in swimming (수영하는 거)
    in cooking at home (집에서 요리하는 거)
    in riding a bike (자전거 타는 거)
    in meeting Peter (피터 만나는 거)

* learn English
영어 배우다

Step 1-4 주어 + be동사 + 과거분사 + 전치사 + 동명사 + **전명구**

- 난 / 관심 있어 / 영어 배우는 거 / 어학원에서
- I'm interested in learning English
  / at a language school

  at school (학교에서)
  at home (집에서)
  as a second language (제 2언어로)

Step 2 Actual Dialogue

Ⓐ Jack, what are you interested in?

Ⓑ 어학원에서 영어 배우는 거 관심 많아.

Ⓐ 잭, 관심 가는 게 뭐야?

Ⓑ I'm interested in learning English at a language school.

1. 숙어로 be interested in은 '~에 관심이 있다'라는 뜻이에요.
2. '영어를 배우다'를 간단하게 learn English라고 하죠. 여기서 English 대신에 Japanese 또는 Chinese를 넣어 표현하면 됩니다.
3. 전명구(전치사구)인 at a language school는 '어학원에서'라는 뜻이에요.
4. I'm interested in~ 대신에 I have an interest in~으로 표현할 수 있어요.
5. 감정 유발 타동사인 interest의 주체가 사람일 때는 interested처럼 수동태로 표현해야 합니다.

주어+be동사+과거분사+전치사+동명사+전명구

Pattern **037** I'm not interested in...

~에 관심 없어요

기본문법정리

부사 not을 be동사 am 다음에 넣어 I'm not interested in+명사(구)/동명사
라고 하면 '~에 관심 없어요'의 뜻입니다.

문장 뼈대 I'm(주어) not interested(과거분사) in+동명사+전명구

핵심문장 만들기   추가문장 만들기

Step **1-1** 주어 + be동사

- 난
- I'm

Step **1-2** 주어 + be동사 + 과거분사

- 난 / 관심 없어
- I'm / not interested

Step **1-3** 주어 + be동사 + 과거분사 + 전치사 + 동명사

- 난 / 관심 없어 / 술 한잔하는 거
- I'm not interested / in having a drink*

     in making bread (빵 만드는 거)
     in working out (운동하는 거)
     in dying my hair (머리 염색하는 거)
     in getting a perm (파마하는 거)
     in having long hair (머리 기르는 거)

* have a drink
술 한잔하다

Step 1-4 **주어 + be동사 + 과거분사 + 전치사 + 동명사 + 전명구**

- 난 / 관심 없어 / 술 한잔하는 거 / 퇴근 후에
- **I'm not interested in having a drink / after work***

after a meeting (모임 후에)
after a meal (식사 후에)
after exercising (운동 후에)

＊ after work
퇴근 후에

Step 2 **Actual Dialogue**

Ⓐ 퇴근 후에 술 한잔하는 거 관심 없어.

Ⓑ **You must be kidding, right?**

Ⓐ **I'm not interested in having a drink after work.**

Ⓑ 지금 농담하는 거지, 맞지?

TIP

1. I'm not interested in~을 I have no interest in~이라고 말하기도 하죠.

2. 숙어로 have a drink는 '술 한잔하다'입니다.

3. 전명구(전치사구)인 after work는 '퇴근 후에'라는 뜻이에요.

4. 명사 work와 관련된 표현으로 get off work(퇴근하다), go(get) to work(출근하다), commute to work(통근하다)등이 있어요.

5. 상대방이 한 말이 도무지 믿기지 않을 때, '지금 농담하는 거지, 맞지?'라고 말하게 되는데요, You must be kidding, right?이라고 표현합니다. 여기서 must be는 '~임에 틀림없다'예요.

Chapter

1

대화를 '나'로 시작할 때!

QR코드를 찍어
원어민의 음성을
들어보세요!

UNIT

10

[조동사+주어+동사+목적어+전명구]

조동사+주어+동사+목적어+전명구

Pattern 038

Can I borrow...?

~ 좀 빌릴 수 있을까요?

기본문법정리

동사 borrow는 '빌리다'라는 뜻이에요. 상대방으로부터 빌리고 싶은 것이 있을 때 borrow 다음에 넣으면 되죠.

문장 뼈대 Can(조동사) I(주어) borrow(동사) + 목적어 + 전명구

<u>핵심문장 만들기</u>   추가문장 만들기

Step 1-1   조동사 + **주어**

- 있을까?
- **Can I?**

Step 1-2   조동사 + 주어 + **동사**

- 있을까? / 빌릴 수
- **Can I / borrow*?**

     * borrow 빌리다

Step 1-3   조동사 + 주어 + 동사 + **목적어**

- 있을까? / 빌릴 수 / 돈 좀
- **Can I borrow / some money*?**

     * some money 돈 좀

         some small change (잔돈 좀)
         some cash (현금 좀)
         some coins (동전 좀)
         some sugar (설탕 좀)
         some salt (소금 좀)

Step 1-4   조동사 + 주어 + 동사 + 목적어 + **전명구**

- 있을까? / 빌릴 수 / 돈 좀 / **너로부터**
- Can I borrow some money / **from you?**

> **from your friend** (네 친구로부터)
> **from Mike** (마이크로부터)
> **from Cindy** (신디로부터)

Step 2   Actual Dialogue

Ⓐ 돈 좀 빌릴 수 있을까?

Ⓑ Of course, you can.

Ⓐ Can I borrow some money from you?

Ⓑ 물론, 되지.

TIP

1. 뭔가 하기 전에 상대방으로부터 양해나 허락을 구하고자 할 때 Can I+동사? 패턴을 사용해요.

2. Can I+동사?는 '~할 수 있을까요?'지만 '~해도 돼요?'처럼 해석하는 게 더 자연스러워요.

3. 목적어로 나온 명사구 some money는 우리말 '돈 좀'에 해당되는 표현이죠.

4. 전치사 from 다음에 대명사가 나올 때는 you처럼 목적격이 되어야 합니다.

5. Can I borrow some money from you?를 Can you lend me some money?로 바꿔 표현할 수 있어요.

조동사+주어+동사+목적어+전명구

Pattern **039**

Can I use...?

~을 사용해도 될까요?

기본문법정리

동사 use의 뜻은 '사용하다'지만, 구어체에서 종종 조동사 can 또는 could와 함께 사용되어 '필요하다'라는 뜻이 됩니다.

문장 뼈대 Can(조동사) I(주어) use(동사) + 목적어 + 전명구

핵심문장 만들기   추가문장 만들기

Step **1-1** 조동사 + **주어**

- 돼?
- **Can I?**

Step **1-2** 조동사 + 주어 + **동사**

- 돼? / 사용해도
- **Can I / use?**

Step **1-3** 조동사 + 주어 + 동사 + **목적어**

- 돼? / 사용해도 / 네 컴퓨터 좀
- **Can I use / your computer*?**

    your car (네 차 좀)
    your motorcycle (네 오토바이 좀)
    your laptop (네 노트북 좀)
    your cell phone (네 휴대폰 좀)
    your English dictionary (네 영어 사전 좀)

* computer
컴퓨터

Step 1-4 **조동사 + 주어 + 동사 + 목적어 + 전명구**

• 돼? / 사용해도 / 네 컴퓨터 좀 / 잠시

• Can I use your computer / for a while*?

> for a minute (잠시 동안)
> for a second (잠시 동안)
> for a moment (잠깐 동안)

* for a while
잠시

Step 2 Actual Dialogue

Ⓐ 잠시 네 컴퓨터 좀 사용해도 돼?

Ⓑ I'm afraid not.

Ⓐ Can I use your computer for a while?

Ⓑ 안될 것 같은데.

TIP

1. 동사 use의 대표적인 뜻은 '사용하다'예요.

2. Can I use~?를 좀 더 공손하게 말하면 May I use~?가 돼요.

3. 소유격인 your는 명사 computer를 수식해주는 역할을 하죠. 즉, '소유격+명사'의
   구조가 되는 겁니다.

4. for a while은 '잠시'의 뜻으로, 명사 while은 부정관사 a와 함께 사용되어 '동안',
   '(짧은) 시간'의 의미를 가져요.

5. for a while 대신에 같은 의미로 for a second, for a minute, for a moment를
   사용하기도 합니다.

Pattern 040

Can I take...?

~해도 될까요?

기본문법정리

동사 take은 '가지고 가다', '(시간이) 걸리다', '(약을) 복용하다'처럼 다양한 뜻을 가져요. take 다음에 행동 명사가 나올 경우에는 '(행동을) 하다'가 되는 거죠.

문장 뼈대 Can(조동사) I(주어) take(동사) + 목적어 + 전명구

핵심문장 만들기   추가문장 만들기

Step 1-1   **조동사 + 주어**

• 돼?

• Can I?

Step 1-2   **조동사 + 주어 + 동사**

• 돼? / 취해도

• Can I / take?

Step 1-3   **조동사 + 주어 + 동사 + 목적어**

• 돼? / 취해도 / 잠깐 휴식을

• Can I take / a break*?

    a coffee break (잠깐 쉬면서 커피 마셔도)
    a rain check (다음으로 미루어도)
    a walk (산책해도)
    a look around (둘러봐도)
    five (5분 쉬어도)

* take a break
잠시 쉬다

Step 1-4 조동사 + 주어 + 동사 + 목적어 + **전명구**

- 돼? / 취해도 / 잠깐 휴식을 / 일하다가
- Can I take a break / from work*?

        from studying (공부하다가)
        from exercising (운동하다가)
        for a moment (잠시 동안)

*from work
일하다가

Step 2   Actual Dialogue

Ⓐ 일하다가 잠시 쉬어도 돼?

Ⓑ Sure, if you want.

Ⓐ Can I take a break from work?

Ⓑ 물론이지, 원한다면.

1. 동사 take와 관련된 표현으로 take a shower(샤워를 하다), take a stroll(산책을 하다), take a break(잠시 쉬다), take five(5분 쉬다), take a walk(산책하다)등이 있어요.

2. 네이티브들은 take a break와 비슷한 의미로 take five(5분 쉬다)라고 말하기도 하죠.

3. 전명구(전치사구)인 from work는 '일하다가', '일로부터'라는 뜻이에요.

4. work는 명사도 되지만 동사도 돼요. 예를 들어 work from home은 '재택근무 하다'로 여기서 work는 동사 역할을 합니다.

5. 명사 break는 부정관사 a와 함께 사용되어서 '휴식' 또는 '기회'라는 뜻이에요. 그러므로 Please give me a break.는 '한 번만 봐주세요.'로 이번만은 눈 감아 달라고 부탁할 때 사용하는 표현입니다.

Chapter

2

대화를 '너'로 시작할 때!

QR코드를 찍어
원어민의 음성을
들어보세요!

UNIT

11

[be동사+주어+형용사(분사)+to부정사+전명구]

be동사+주어+형용사(분사)+to부정사+전명구

Pattern 041 · Are you ready to...?

~할 준비가 됐어요?

기본문법정리

숙어로 be ready to+동사원형은 '~할 준비가 되다'예요. 뭔가 할 준비를 갖추었을 때 사용하죠. Are you ready to+동사?라고 하면 '~할 준비가 됐어요?'의 뜻입니다.

문장 뼈대 Are(be동사) you(주어) ready(형용사)+to부정사+전명구

핵심문장 만들기   추가문장 만들기

Step 1-1 **be동사 + 주어**

• 됐어요?

• Are you?

Step 1-2 be동사 + 주어 + **형용사**

• 됐어요? / 준비가

• Are you / ready*?

* ready 준비된

Step 1-3 be동사 + 주어 + 형용사 + **to부정사**

• 됐어요? / 준비가 / 떠날

• Are you ready / to leave*?

* leave 떠나다

to order (주문할)
to get some sleep (잠 좀 잘)
to see a doctor (병원에 갈)
to get to work (출근할)
to go out for a drink (한잔하러 갈)

Step 1-4 be동사 + 주어 + 형용사 + to부정사 + **전명구**

- 됐어요? / 준비가 / 떠날 / 서울로
- Are you ready to leave / for Seoul?

for Sydney (시드니로)
for Tokyo (도쿄로)
for Brazil (브라질로)

Step 2 Actual Dialogue

Ⓐ 서울로 떠날 준비됐어요?

Ⓑ No, I'm not ready yet.

Ⓐ Are you ready to leave for Seoul?

Ⓑ 아니요, 아직 준비 안 됐어요.

TIP

1. 상대방에게 뭔가 할 준비가 됐는지 묻고 싶을 때 Are you ready to+동사? 패턴을 사용해요.

2. 형용사 ready는 '준비된'이며, '준비되다'가 되려면 be ready처럼 표현합니다.

3. 동사 leave '떠나다', '두다'라는 뜻이죠.

4. 방향 전치사 for를 사용해서 leave for+장소 명사라고 하면 '~로 떠나다'가 됩니다.

5. 준비가 되었을 때는 Yes, I'm ready.로, 준비가 안 되었을 때는 No, I'm not ready yet.으로 대답할 수 있어요.

be동사+주어+형용사(분사)+to부정사+전명구

Pattern **042**

Are you able to...?

~할 수 있어요?

기본문법정리

숙어로 be able to+동사는 '~할 수 있다'로 조동사 can과 같은 뜻이에요.
미래는 will be able to+동사, 과거는 was(were) able to+동사로 표현하죠.

문장 뼈대 **Are(be동사) you(주어) able(형용사)+to부정사+전명구**

핵심문장 만들기   추가문장 만들기

Step 1-1   be동사 + **주어**

• 있어요?
• **Are you?**

Step 1-2   be동사 + 주어 + **형용사**

• 있어요? / 할 수
• **Are you / able?**

Step 1-3   be동사 + 주어 + 형용사 + **to부정사**

• 있어요? / 할 수 / 이걸
• **Are you able / to do this?**

> **to go there** (그곳에 갈 수)
> **to finish your work** (당신 일을 끝낼 수)
> **to handle this problem** (이 문제를 처리할 수)
> **to be here on time** (정시에 여기에 올 수)
> **to fix the sink** (개수대를 고칠 수)

Step 1-4   be동사 + 주어 + 형용사 + to부정사 + **전명구**

• 있어요? / 할 수 / 이걸 / 아무 어려움 없이

• Are you able to do this

  / without any difficulty*?

   without my help (내 도움 없이)
   without any money (아무 돈 없이)
   without anyone's help (누군가의 도움 없이)

* difficulty
  어려움

Step 2   Actual Dialogue

Ⓐ 어떤 어려움도 없이 이거 할 수 있어요?

Ⓑ Sure, no problem.

Ⓐ Are you able to do this without any
   difficulty?

Ⓑ 물론이죠, 문제없어요.

TIP

1. 자신의 능력을 애기할 때 be able to+동사를 사용해요.

2. 전혀 문제 될 것 없다고 애기할 때 No problem.이라고 표현합니다.

3. 전명구 without any difficulty는 '아무 어려움 없이'라는 뜻이에요.

4. 상대방에게 Are you able to+동사?라고 하면 '~할 수 있어요?'로 능력을 묻게
   되는 거죠.

5. 형용사 able(~할 수 있는) 또는 unable(~할 수 없는)는 뒤에 to부정사(to+동사
   원형)의 구조를 가져요.

be동사+주어+형용사(분사)+to부정사+전명구

Pattern **04.3**

Are you supposed to...?

~하기로 되어 있어요?, ~해야 해요?

기본문법정리

be supposed to+동사는 '~하기로 되어 있다' 또는 '~해야 해'라는 뜻이에요.
예정되거나 의무로 해야 할 일들을 언급할 때 사용합니다.

문장 뼈대 Are(be동사) you(주어) supposed(분사)+to부정사+전명구
_____
　　　　　　핵심문장 만들기　　　　　　　　　추가문장 만들기

Step **1-1**　be동사 + 주어

- 있어요?
- **Are you?**

Step **1-2**　be동사 + 주어 + 과거분사

- 있어요? / 되어
- **Are you / supposed?**

Step **1-3**　be동사 + 주어 + 과거분사 + to부정사

- 있어요? / 되어 / 영화 보기로
- **Are you supposed / to watch movies*?**

* watch movies
영화를 보다

　　　　　　to take a day off (하루 쉬기로)
　　　　　　to wait for him (그를 기다리기로)
　　　　　　to meet her (그녀를 만나기로)
　　　　　　to work overtime (야근하기로)
　　　　　　to call a meeting (회의를 소집하기로)

Step 1-4 **be동사 + 주어 + 과거분사 + to부정사 + 전명구**

- 있어요? / 되어 / 영화 보기로 / 친구들과
- Are you supposed to watch movies
      / with your friends?

with your family members(가족들과)
with your girlfriend(여자 친구와)
with your children(아이들과)

Step 2 **Actual Dialogue**

Ⓐ 친구들과 영화 봐야 해요?

Ⓑ Yes, I am. That's what I was planning to do with them.

Ⓐ Are you supposed to watch movies with your friends?

Ⓑ 네. 그게 그들과 하려고 계획 중이었던 거예요.

TIP

1. 예정되어 있는 일을 말할 때는 be supposed to+동사로, 계획 잡혀있는 일을 말할 때는 be scheduled to+동사로 표현해요.
2. '영화를 보다'를 watch a movie 또는 watch movies라고 표현합니다.
3. '~와 함께'에 해당되는 전치사가 바로 with예요.
4. 영화와 관련된 표현 중에 go to the movies(극장에 가다)도 있습니다.
5. Are you supposed to+동사?가 때로는 조동사 should처럼 의무의 뜻으로 사용되기도 하죠.

be동사+주어+형용사(분사)+to부정사+전명구

Are you going to...?

~할 거예요?, ~에 가는 중이에요?, ~에 갈 거예요?

Pattern **044**

기본문법정리

숙어로 be going to+동사는 상황에 따라 '~할 거예요?', '~에 가는 중이에요?', '~에 갈 거예요?'처럼 해석됩니다. 즉, 장소 명사가 전치사 to 다음에 오면 '~에 가는 중이에요?', '~에 갈 거예요?'가 되는 거죠.

문장 뼈대 Are(be동사) you(주어) going(분사)+to부정사+전명구

핵심문장 만들기   추가문장 만들기

Step **1-1** be동사 + **주어**

• 거예요?

• Are you?

Step **1-2** be동사 + 주어 + **현재분사**

• 거예요? / 할

• Are you / going?

Step **1-3** be동사 + 주어 + 현재분사 + **to부정사**

• 거예요? / 할 / 프러포즈

• Are you going / to propose*?

    to tell the truth (진실을 말할)
    to lie (거짓말할)
    to ask for a raise (봉급 올려달라고 요청할)
    to stay at home (집에 있을)
    to have lunch (점심 먹을)

* propose
프러포즈하다

Step 1-4 be동사 + 주어 + 현재분사 + to부정사 + **전명구**

- 거예요? / 할 / 프러포즈 / 그녀에게
- Are you going to propose / to her?

> **to Juliet** (줄리엣에게)
> **to Stella** (스텔라에게)
> **to your girlfriend** (여자 친구에게)

Step 2 Actual Dialogue

Ⓐ 그녀에게 프러포즈할 거예요?
Ⓑ Well, I'll have to think it over carefully.

Ⓐ Are you going to propose to her?
Ⓑ 글쎄요, 주의 깊게 숙고해봐야겠어요.

TIP

1. be going to+동사는 조동사 will과는 달리 미래에 할 일을 과거에 미리 결정해 둔 상태를 말해요.
2. 동사 propose는 '제안하다' 또는 '프러포즈(청혼)하다'라는 뜻이죠.
3. 누군가에게 프러포즈(청혼) 할 경우에 to+대상을 동사 propose 다음에 넣어서 표현해요.
4. 동사 propose는 타동사도 되지만 자동사도 돼요. 특히 자동사일 때는 propose+전치사+명사의 구조로 '~에게 프러포즈하다', '결혼을 신청하다'의 뜻이에요.
5. be going to+동사와 비슷한 표현이 be planning to+동사입니다.

be동사+주어+형용사(분사)+to부정사+전명구

Pattern 045

Are you planning to...?

~할 계획이에요?, ~할 생각이에요?

기본문법정리

계획된 일을 말할 때 be planning to+동사라고 해요. 상대방에게 Are you planning to+동사?로 물으면 '~할 계획이에요?', '~할 생각이에요?'라는 뜻을 전하게 되는 겁니다.

문장 뼈대   Are(be동사) you(주어) planning(분사)+to부정사+전명구

핵심문장 만들기   추가문장 만들기

Step **1-1**   be동사 + **주어**

• 이에요?

• Are you?

Step **1-2**   be동사 + 주어 + **현재분사**

• 이에요? / 계획

• Are you / planning?

Step **1-3**   be동사 + 주어 + 현재분사 + **to부정사**

• 이에요? / 계획 / 음악을 녹음할

• Are you planning / to record* any music?

to write a book (책을 쓸)
to write a letter (편지를 쓸)
to go to Japan (일본에 갈)
to go on a diet (다이어트를 시작할)
to study abroad (유학 갈)

* record
녹음하다

* in English
영어로

Step 1-4 be동사 + 주어 + 현재분사 + to부정사 + **전명구**

• 이에요? / 계획 / 음악을 녹음할 / 영어로

• Are you planning to record any music
/ in English*?

in Japanese (일본어로)
in Chinese (중국어로)
in Spanish (스페인어로)

* in English
영어로

Step 2 Actual Dialogue

Ⓐ 영어로 음악을 녹음할 계획이에요?

Ⓑ Sure, I am. That's what I'm planning to do.

Ⓐ Are you planning to record any music in English?

Ⓑ 물론이죠. 그렇게 할 생각이에요.

TIP

1. be planning to+동사 대신에 be going to+동사나 be scheduled to+동사로 표현할 수 있어요.
2. 동사 record는 '기록하다' 또는 '녹음하다'의 뜻이에요.
3. 전치사 in 다음에 English를 넣어 말하면 '영어로'가 되죠.
4. 동사로 plan는 '계획하다'지만, 명사로 plan는 '계획'입니다.
5. be planning to+동사를 활용해서 What are you planning to do?라고 하면 '뭐 할 계획이죠?'의 뜻이 된답니다.

be동사+주어+형용사(분사)+to부정사+전명구

Pattern **046**

• Are you trying to...?

~하려고 노력 중이에요?, ~하려고 해요?

기본문법정리

be trying to+동사는 '~하려고 노력 중이다' 또는 '~하려고 해'라는 뜻입니다.
뭔가를 하려고 애쓰는 모습을 묘사할 때 사용하죠.

문장 뼈대 Are(be동사) you(주어) trying(분사)+to부정사+전명구

핵심문장 만들기   추가문장 만들기

Step 1-1 **be동사 + 주어**

• 해요?

• Are you?

Step 1-2 **be동사 + 주어 + 현재분사**

• 해요? / 하려고

• Are you / trying?

Step 1-3 **be동사 + 주어 + 현재분사 + to부정사**

• 해요? / 하려고 / 설거지

• Are you trying / to do the dishes*?

＊ do the dishes
　 설거지하다

> **to do the laundry** (빨래하려고)
> **to do something new** (뭔가 새로운 것을 하려고)
> **to ask him for some help** (그에게 도움 좀 요청하려고)
> **to get some fresh air** (바람 좀 쐬려고)
> **to stay for dinner** (저녁 먹고 가려고)

be동사 + 주어 + 현재분사 + to부정사 + **전명구**

• 해요? / 하려고 / 설거지 / 식사 후에

· Are you trying to do the dishes
/ after the meal*?

* after the meal
식사 후에

after breakfast (아침 식사 후에)
after lunch (점심 식사 후에)
after supper (저녁 식사 후에)

Actual Dialogue

Ⓐ 식사 후에 설거지하려고 해요?

Ⓑ I have no choice.

Ⓐ Are you trying to do the dishes after the meal?

Ⓑ 선택의 여지가 없어요.

TIP

1. 전명구(전치사구)인 after the meal은 '식사 후에'예요.

2. '설거지하다'를 do the dishes라고 하죠.

3. 상대방에게 Are you trying to+동사?라고 말하면 '~하려고 노력 중이에요?', '~하려고 해요?'의 뜻이에요.

4. 동사 wash를 활용해서 wash one's car(차를 세차하다), wash one's face(세수를 하다), wash one's hair(머리 감다), wash one's feet(발을 닦다)처럼 다양한 표현을 만들 수가 있어요.

5. 명사 meal은 '음식'이죠. 관련 표현으로 have a meal(식사하다)과 Please enjoy your meal.(맛있게 드십시오)도 있습니다.

2

대화를 '너'로 시작할 때!

QR코드를 찍어
원어민의 음성을
들어보세요!

UNIT

12

[조동사+주어+동사+인칭대명사+목적어]

조동사+주어+동사+인칭대명사+목적어

Pattern **047**

• Can you give me...?

~ 좀 줄래요?, ~ 좀 줄 수 있어요?

기본문법정리

동사 give는 '주다'라는 뜻이에요. 목적어를 두 개 필요로 하죠. 즉, 간접 목적어(사람)와 직접 목적어(사물)를 동시에 요구하는 동사예요.

문장 뼈대   Can(조동사) you(주어) give(동사) me(인칭대명사)+목적어

핵심문장 만들기

Step 1-1   **조동사 + 주어**

• 있어요?
• Can you?

Step 1-2   조동사 + 주어 + **동사**

• 있어요? / 줄 수
• Can you / give?

Step 1-3   조동사 + 주어 + 동사 + **인칭대명사**

• 있어요? / 줄 수 / 나에게
• Can you give / me?

us (우리에게)

Step 1-4 조동사 + 주어 + 동사 + 인칭대명사 + **목적어**

• 있어요? / 줄 수 / 나에게 / 정보 좀
• Can you give me / some information*?

　　　　　　　　some advice (충고 좀)
　　　　　　　　some cash (현금 좀)
　　　　　　　　some small change (잔돈 좀)
　　　　　　　　some food (음식 좀)
　　　　　　　　some side dishes (반찬 좀)

* some
information
정보 좀

Step 2 Actual Dialogue

Ⓐ 정보 좀 줄 수 있어요?
Ⓑ Of course, I can.

Ⓐ Can you give me some information?
Ⓑ 물론, 줄 수 있죠.

TIP

1. Can you~? 보다는 좀 더 공손한 표현이 Could you~?예요.
2. 동사 give는 수여 동사(4형식 동사)로 목적어가 두 개 필요하죠.
3. give+사람 명사+사물 명사를 give+사물 명사+to사람 명사로 바꿔 표현할 수 있어요.
4. some information에서 some은 우리말 '좀'의 뜻입니다.
5. 4형식 Can you give me some information?을 3형식 Can you give some information to me?로 표현하기도 하죠.

조동사+주어+동사+인칭대명사+목적어

Pattern 048

• Can you get me...?

~ 좀 가져다줄래요?

기본문법정리

동사 get은 일상회화에서 정말 많이 사용되죠. '이해하다', '받다', '얻다', '가지다'처럼 다양해요. 상대방에게 뭔가를 부탁하고자 할 때 Can you get me...?의 패턴을 사용해요.

문장 뼈대 Can(조동사) you(주어) get(동사) me(인칭대명사)+목적어

핵심문장 만들기

Step **1-1** **조동사 + 주어**

• 줄래요?

• Can you?

Step **1-2** **조동사 + 주어 + 동사**

• 줄래요? / 가져다

• Can you / get?

Step **1-3** **조동사 + 주어 + 동사 + 인칭대명사**

• 줄래요? / 가져다 / 나에게

• Can you get / me?

us (우리에게)

Step 1-4 조동사 + 주어 + 동사 + 인칭대명사 + **목적어**

• 줄래요? / 가져다 / 나에게 / 마실 것 좀
• Can you get me / something to drink*?

> something to eat (먹을 것 좀)
> something to read (읽을 것 좀)
> something to eat or drink
> (먹을 거나 마실 것 좀)
> something to sit on (깔고 앉을 것 좀)
> something to write on (적을 종이 좀)

*drink 마시다

Step 2 Actual Dialogue

Ⓐ 마실 것 좀 갖다 줄래요?
Ⓑ Of course, here you go.

Ⓐ Can you get me something to drink?
Ⓑ 물론이죠, 여기 있어요.

TIP

1. Can you get me something to drink?를 좀 더 공손하게 말하면 Could you get me something to drink? 예요.
2. 동사 get은 여기서는 '가져다주다'라는 뜻이죠.
3. to부정사(to+동사원형)인 to drink는 바로 앞에 나온 부정 대명사 something을 뒤에서 수식해 주는 역할을 하죠.
4. to drink에서 동사 drink 대신에 eat 또는 read를 넣어 표현할 수 있어요.
5. 물건 따위를 건네주면서 '여기 있어요.'라고 할 때 Here you go, Here you are. 처럼 표현합니다.

조동사+주어+동사+인칭대명사+목적어

Pattern **049**

• Can you show me...?

~ 좀 보여줄래요?, ~ 좀 알려줄래요?

기본문법정리

동사 show는 '보여주다' 또는 '설명하다', '알리다'라는 뜻이에요. 특히 눈으로
확인할 수 있도록 설명해 달라고 부탁할 때 show를 사용하죠.

문장 뼈대 Can(조동사) you(주어) show(동사) me(인칭대명사)+목적어

핵심문장 만들기

Step **1-1** **조동사 + 주어**

• 줄래요?
• Can you?

Step **1-2** **조동사 + 주어 + 동사**

• 줄래요? / 보여
• Can you / show?

Step **1-3** **조동사 + 주어 + 동사 + 인칭대명사**

• 줄래요? / 보여 / 나에게
• Can you show / me?

us (우리에게)

▶

Step 1-4 조동사 + 주어 + 동사 + 인칭대명사 + **목적어**

- 줄래요? / 보여 / 나에게 / 운전 면허증 좀
- Can you show me / your driver's license*?

　　　　　　　　　　your ID (신분증 좀)
　　　　　　　　　　your application form (신청서 좀)
　　　　　　　　　　your passport (여권 좀)
　　　　　　　　　　your boarding pass (탑승권 좀)
　　　　　　　　　　your receipt (영수증 좀)

* driver's
　license
　운전 면허증

Step 2 Actual Dialogue

Ⓐ 실례지만, 운전 면허증 좀 보여주시겠어요?

Ⓑ Of course. Here you are.

Ⓐ Excuse me, can you show me your driver's license, please?

Ⓑ 물론이죠. 여기 있어요.

TIP

1. 조동사 can 보다는 could로 말하는 편이 좀 더 공손한 느낌을 전달하게 되죠.

2. 동사 show는 '보여주다'지만 종종 '눈으로 확인할 수 있도록 설명해 달라'라고 부탁할 때도 사용합니다.

3. driver's license는 '운전 면허증'이에요.

4. Here you are.는 '여기 있어요.', '여기요.'의 뜻입니다.

5. 간단하게 Your driver's license, please!처럼 표현할 수 있어요.

조동사+주어+동사+인칭대명사+목적어

Pattern 050

• Can you tell me...?

~ 좀 알려줄래요?

기본문법정리

동사 tell은 '말하다'예요. 보통 'tell+목적어', 'tell+목적어+전치사+명사'의
구조를 가지죠. 이럴 때는 이야기 또는 경험을 '말하다', '이야기하다'라는
뜻을 전달하게 되는 거죠.

문장 뼈대 Can(조동사) you(주어) tell(동사) me(인칭대명사)+목적어

핵심문장 만들기

Step 1-1 조동사 + **주어**

- 줄래요?
- **Can you?**

Step 1-2 조동사 + 주어 + **동사**

- 줄래요? / 알려
- **Can you / tell*?**

*tell 말하다

Step 1-3 조동사 + 주어 + 동사 + **인칭대명사**

- 줄래요? / 알려 / 나에게
- **Can you tell / me?**

us (우리에게)

Step **1-4** 조동사 + 주어 + 동사 + 인칭대명사 + **목적어**

- 줄래요? / 알려 / 나에게 / 주소 좀
- Can you tell me / your address*?

  your phone number (전화번호 좀)
  your secret (비밀 좀)
  your name (이름 좀)
  your age (나이 좀)
  your story now (이제 당신 이야기를)

* address 주소

Step **2** Actual Dialogue

Ⓐ 주소 좀 말해줄래요?

Ⓑ I'm afraid I can't. Sorry.

Ⓐ Can you tell me your address?

Ⓑ 안 되겠는데요. 미안해요.

TIP

1. 상대방의 부탁에 거절해야만 하는 경우 I'm afraid I can't.처럼 표현할 수 있어요.

2. 명사 address는 '주소'라는 뜻이에요.

3. Can you tell me your address?를 좀 더 공손하게 말하려면 Could you tell me your address? 또는 Can you tell me your address, please?처럼 표현하면 돼요.

4. 동사 tell과 관련된 표현으로 tell the truth(진실을 말하다), tell the difference (차이를 구분하다)등이 있어요.

5. 상대방의 주소를 알고 싶을 때 간단하게 Your address, please!라고도 하죠.

2

대화를 '너'로 시작할 때!

QR코드를 찍어
원어민의 음성을
들어보세요!

UNIT

13

[조동사(do)+주어+동사+to부정사+전명구]

Pattern 051

• Do you want to...?

~하고 싶어요?, ~ 할래요?

기본문법정리

동사 want는 '원하다'라는 뜻인데 뒤에 to부정사(to+동사원형)를 목적어로 취해요.
상대방이 뭔가를 하고 싶은지 알고 싶을 때 Do you want to+동사?의 패턴을
사용하죠. 뜻은 '~하고 싶어요?'도 되지만 '~ 할래요?'도 됩니다.

문장 뼈대 Do(조동사) you(주어) want(동사) + to부정사 + 전명구

핵심문장 만들기   추가문장 만들기

Step **1-1**   조동사(do) + 주어 + 동사

- 할래요?

- Do you want?

Step **1-2**   조동사(do) + 주어 + 동사 + to부정사

- 할래요? / 산책

- Do you want / to take a walk*?

     to go for a jog (조깅하러 갈)
     to go for a drive (드라이브하러 갈)
     to drink a cup of coffee (커피 한잔 마실)
     to know (알고)
     to get some fresh air (바람 좀 쐴)

* **take a walk**
산책하다

조동사(do) + 주어 + 동사 + to부정사 + **전명구**

- 할래요? / 산책 / 우리와

· Do you want to take a walk / with us?

with me (나와)
with my friends (내 친구들과)
with me right now (지금 나와)

Ⓐ 우리랑 산책할래요?

Ⓑ Sure, I do.

Ⓐ Do you want to take a walk with us?

Ⓑ 물론이죠.

TIP

1. 동사 want가 목적어로 명사(구)를 취할 때는 '~을 원하다'라는 뜻이죠. to부정사가
   나올 때는 '~하고 싶다'가 돼요.
2. '산책하다'를 take a walk라고 합니다. 비슷한 표현으로 take a stroll(산책하다)
   이 있어요.
3. Do you want to+동사?를 '~ 할래요?'라고 해석하는 게 더 자연스러워요. 예로
   Do you want to drink?라고 하면 그 의미는 '술 마실래요?'입니다.
4. want to를 네이티브들은 wanna(워나)처럼 발음하기도 하죠.
5. 전명구(전치사구)인 with us는 문장에서 생략 가능해요. 즉, 문장을 좀 더 길게
   만들고 싶을 때는 '전치사+명사' 구조를 뒤에 덧붙여서 말을 늘리면 되는 겁니다.

조동사(do)+주어+동사+to부정사+전명구

Pattern **052**

• Do you like to...?

~하는 거 좋아해요?

기본문법정리

동사 like는 to부정사(to+동사원형)나 동명사(-ing)를 목적어로 동시에 취해요.
'~하는 거 좋아하다'의 뜻이죠.
동명사를 목적어로 취할 때는 '동작'의 느낌이 강합니다.

문장 뼈대 Do(조동사) you(주어) like(동사) + to부정사 +전명구

핵심문장 만들기   추가문장 만들기

Step **1-1** **조동사(do) + 주어 + 동사**

• 좋아해요?

• Do you like?

Step **1-2** **조동사(do) + 주어 + 동사 + to부정사**

• 좋아해요? / 음악 듣는 거

• Do you like / to listen to music*?

> to ride a bike (자전거 타는 거)
> to work out (운동하는 거)
> to walk outside (밖에서 걷는 거)
> to take hot baths (뜨거운 물로 목욕하는 거)
> to clean your room (당신 방 청소하는 거)

* listen to
music
음악을 듣다

141

Step **1-3** 조동사(do) + 주어 + 동사 + to부정사 + **전명구**

• 좋아해요? / 음악 듣는 거 / 여가 시간에

• Do you like to listen to music
                    / in your free time*?

* free time
  여가 시간

in your spare time (여가 시간에)
in your leisure time (여가 시간에)
in your daily life (일상생활 속에서)

Step **2** **Actual Dialogue**

Ⓐ 여가 시간에 음악 듣는 거 좋아해요?

Ⓑ No, I don't. But I like watching movies in my free time.

Ⓐ Do you like to listen to music in your free
time?

Ⓑ 아니요. 하지만 여가 시간에 영화 보는 거 좋아해요.

TIP

1. Do you like to listen to music? 또는 Do you like listening to music? 둘 다
   '음악 듣는 거 좋아해요?'의 뜻이에요. 동명사(listening to music)로 표현하면
   '동작'의 의미가 짙죠.
2. '음악을 듣다'를 listen to music처럼 표현해요.
3. 동사 listen과 관련된 표현으로 Are you listening (to me)?(내 말 듣고 있어?),
   I'm listening.(듣고 있어)등이 있어요.
4. '여가 시간에'를 네이티브들은 in one's free(spare, leisure) time으로 표현해요.
5. in your free time을 활용해서 What do you do in your free time?이라고 하면
   '여가 시간에 뭐해요?'의 뜻이 되는 거죠.

Pattern 053

Do you have to...?

~해야 해요?

기본문법정리

당연히 해야 할 일을 언급할 때 have to+동사를 사용하죠. 상대방에게 Do you have to+동사?로 묻게 되면 '~해야 해요?'라는 의미예요. 꼭 그렇게 해야만 하는지를 따지듯이 묻게 되는 거죠.

문장 뼈대 Do(조동사) you(주어) have(동사) + to부정사 + 전명구

핵심문장 만들기　　　　　　　　　　추가문장 만들기

Step 1-1 조동사(do) + 주어 + **동사**

- 해요?

- Do you **have**?

Step 1-2 조동사(do) + 주어 + 동사 + **to부정사**

- 해요? / 생일 선물을 사야

- Do you have / **to buy a birthday present*?**

   to give him a call (그에게 전화해야)
   to confirm your reservation (예약을 확인해야)
   to head home (집에 가야)
   to go to bed (자러 가야)
   to go backpacking (배낭여행해야)

* birthday present
생일 선물

Step 1-3 　조동사(do) + 주어 + 동사 + to부정사 + **전명구**

- 해요? / 생일 선물을 사야 / 부인을 위해

Do you have to buy a birthday present
/ for your wife?

for your husband (남편을 위해)
for your son (아들을 위해)
for your friend (친구를 위해)

Step 2 　Actual Dialogue

Ⓐ 부인 생일 선물 사야 해요?
Ⓑ No, I don't have to do that.

Ⓐ Do you have to buy a birthday present for your wife?
Ⓑ 아니요, 그럴 필요까지는 없어요.

TIP

1. 동사 buy는 'buy+목적어+목적어' 또는 'buy+목적어+전치사+명사' 구조를 가져요.
2. '생일 선물'을 a birthday present라고 하죠.
3. have to+동사는 '~해야 해'지만 부정인 don't have to+동사는 '~할 필요가 없다' 예요. 즉, don't need to+동사와 같은 뜻이죠.
4. buy a birthday present for your wife를 buy your wife a birthday present 처럼 표현할 수 있어요.
5. 동사 buy는 '사다', '구매하다'지만, 구어체에서는 '이해하다'라는 뜻으로도 사용되죠. 그러므로 I don't buy it.은 '이해가 안 돼.'의 의미입니다.

조동사(do)+주어+동사+to부정사+전명구

Pattern **054**

• Do you need to...?

~해야 해요?

기본문법정리

동사 need 다음에 목적어로 to부정사(to+동사원형)가 올 때, 직역하면 '~할 필요가 있다'지만 '~해야 해'로 해석하는 게 자연스러워요.

문장 뼈대 Do(조동사) you(주어) need(동사) + to부정사 + 전명구

핵심문장 만들기   추가문장 만들기

Step 1-1 조동사(do) + 주어 + 동사

• 해야겠어요?

• Do you need?

Step 1-2 조동사(do) + 주어 + 동사 + to부정사

• 해야겠어요? / 그런 말

• Do you need / to say that*?

          to talk like that (그런 식으로 말해야)
          to hurry up (서둘러야)
          to get a new job (새로운 직장을 구해야)
          to use my computer (내 컴퓨터를 사용해야)
          to change your hair color

                            (머리 색깔을 바꿔야)

* say that
그런 말 하다

Step 1-3 조동사(do) + 주어 + 동사 + to부정사 + **전명구**

● 해야겠어요? / 그런 말 / 나에게

· Do you need to say that / to me?

to him (그에게)
to Mike (마이크에게)
to your wife (부인에게)

Step 2 Actual Dialogue

Ⓐ 피터, 나한테 그런 말 해야겠어요?
Ⓑ I don't have any choice. I'm sorry.

Ⓐ Peter, do you need to say that to me?
Ⓑ 선택의 여지가 없어요. 미안해요.

TIP

1. 동사 need 다음에 목적어로 명사(구)가 나오면 '~이 필요하다'예요.

2. 동사 need를 활용해서 I need you to+동사라고 하면 '당신이 ~해줬으면 좋겠어요'의 뜻입니다.

3. 동사 need를 활용해서 I don't need to+동사라고 하면 '~할 필요가 없어요'예요. 즉, I don't have to+동사와 같은 뜻이죠.

4. 동사 say와 관련된 표현으로 Don't say that anymore.(더 이상 그런 말 하지 마), You can say that again.(네 말이 맞아), Please say hello to your parents for me.(저 대신에 부모님께 안부 좀 전해주세요)등이 있어요.

5. 스스로 선택의 여지가 없어 어쩔 수 없다고 얘기할 때 I don't have any choice. 라고 합니다.

조동사(do)+주어+동사+to부정사+전명구

Pattern 055

• **Do you hate to...?**

~하는 거 싫어요?

기본문법정리

동사 hate은 hate+to부정사(to동사원형) 또는 hate+동명사(-ing)의 구조를 가져요. 뜻은 '~하는 거 싫어하다'가 되죠.

문장 뼈대 Do(조동사) you(주어) hate(동사) + to부정사 + 전명구

핵심문장 만들기   추가문장 만들기

Step 1-1   조동사(do) + 주어 + **동사**

• 싫어요?

• Do you **hate?**

Step 1-2   조동사(do) + 주어 + 동사 + **to부정사**

• 싫어요? / 그녀와 얘기하는 거

• Do you hate / to talk to* her?

* **talk to~**
~와 얘기하다

to wake up late (늦게 눈 뜨는 거)
to be with me (나랑 함께 있는 거)
to say that (그런 말 하는 거)
to see him off (그를 배웅하는 거)
to lie to her (그녀에게 거짓말하는 거)

Step 1-3
조동사(do) + 주어 + 동사 + to부정사 + **전명구**

- 싫어요? / 그녀와 얘기하는 거 / 전화상으로
- Do you hate to talk to her / **on the phone***?

on your smartphone (당신 스마트폰으로)
on your cell phone (당신 휴대폰으로)
on your mobile phone (당신 휴대폰으로)

* **on the phone**
전화상으로

Step 2
Actual Dialogue

Ⓐ 전화로 그녀와 얘기하는 거 싫어요?

Ⓑ Sometimes, I do.

Ⓐ Do you hate to talk to her on the phone?

Ⓑ 때로는, 그래요.

TIP

1. talk는 동사도 되지만 명사도 돼요. 그래서 have a talk with~라고 하면 '~와 대화하다'의 뜻으로, 여기서 talk는 명사입니다.
2. 전명구(전치사구)인 on the phone은 '전화상으로'라는 뜻이에요.
3. 동사 hate에는 '증오하다', '싫어하다', '미워하다'라는 뜻이 있어요.
4. 동사 hate은 목적어 자리에 to부정사(to+동사원형)나 동명사(-ing)를 동시에 취합니다.
5. 명사 phone을 활용해서 Please pick up the phone.이라고 하면 '제발 전화 좀 받아요.'의 뜻이에요.

2

대화를 '너'로 시작할 때!

QR코드를 찍어
원어민의 음성을
들어보세요!

UNIT

14

[주어+동사+to부정사+목적어+전명구]

주어+동사+to부정사+목적어+전명구

You have to...

~해야 해요

Pattern 056

기본문법정리

상대방이 당연히 해야 할 일을 말할 때 **You have to+동사**를 사용하죠. '~해야 해요'라는 뜻이에요.

문장 뼈대 You(주어) have(동사) + to부정사 + 목적어 +전명구

핵심문장 만들기   추가문장 만들기

Step 1-1 주어 + **동사**

- 해요
- **You have**

Step 1-2 주어 + 동사 + **to부정사**

- 해요 / 제출해야
- **You have / to submit**[*]

  to sleep (자야)
  to work (일해야)
  to go (가야)

* submit
제출하다

Step 1-3 주어 + 동사 + to부정사 + **목적어**

- 해요 / 제출해야 / 당신 과제를
- **You have to submit / your assignment**[*]

  your application form (당신 신청서를)
  your weekly report (당신 주간 보고서를)
  your estimate (당신 견적서를)

* assignment
과제물

Step 1-4 **주어 + 동사 + to부정사 + 목적어 + 전명구**

• 해요 / 제출해야 / 당신 과제를 / 마감일까지
• You have to submit your assignment
/ by the due date

by Friday (금요일까지)
by tomorrow (내일까지)
by tonight (오늘 밤까지)

Step 2 **Actual Dialogue**

Ⓐ 마감일까지 과제를 제출해야 해요.

Ⓑ Thanks for reminding me.

Ⓐ You have to submit your assignment by the due date.

Ⓑ 상기시켜줘서 고마워요.

TIP

1. have to+동사의 부정은 don't have to+동사입니다. 의미는 '~해서는 안 돼'가 아니라 '~할 필요가 없어'예요.

2. 동사 submit은 '제출하다'예요.

3. 명사 assignment는 '(단발적인) 과제물', '임무', '숙제'를 뜻해요.

4. 전명구(전치사구)인 by the due date은 '마감일까지'의 의미죠.

5. 상대방에게 뭔가에 대한 감사한 마음을 전하고자 할 때 Thanks for... 패턴을 사용합니다.

주어+동사+to부정사+목적어+전명구

Pattern **057**

• **You don't have to...**

~할 필요가 없어요, ~하지 않아도 돼요

기본문법정리

have to+동사의 부정이 바로 don't have to+동사예요. 뜻은 '~해야 해'의 부정이라 '~해서는 안 돼'라고 생각할 수 있죠. 하지만 don't need to+동사처럼 '~할 필요가 없다'라는 뜻입니다.

문장 뼈대 You(주어) don't have(동사)+to부정사+목적어+전명구

핵심문장 만들기　　　　　　　　　　　추가문장 만들기

Step **1-1** 　주어 + **동사**

• 필요가 없어요

• You **don't have**

Step **1-2** 　주어 + **동사** + **to부정사**

• 필요가 없어요 / 참석할

• You don't have / **to attend***

　　　　to hurry (서두를)
　　　　to drive (운전할)
　　　　to worry (걱정할)

* **attend**
　참석하다

Step **1-3** 　주어 + 동사 + to부정사 + **목적어**

• 필요가 없어요 / 참석할 / 모임에

• You don't have to attend / **a meeting***

　　　　a workshop (워크숍에)
　　　　a seminar (세미나에)
　　　　a wedding ceremony (결혼식에)

* **meeting** 모임

* on Friday
금요일에

Step 1-4 주어 + 동사 + to부정사 + 목적어 + **전명구**

- 필요가 없어요 / 참석할 / 모임에 / 금요일에

· You don't have to attend the meeting
/ on Friday*

on Monday (월요일에)
on Tuesday (화요일에)
on Thursday (목요일에)

Step 2 Actual Dialogue

Ⓐ 금요일에 모임에 참석할 필요는 없어요. 취소 됐거든요.

Ⓑ Really? I didn't know that. Anyway, thanks for telling me.

Ⓐ You don't have to attend the meeting on Friday. It was cancelled.

Ⓑ 정말이에요? 몰랐어요. 아무튼, 얘기해줘서 고마워요.

TIP

1. 동사 attend는 '참석하다' 외에 '시중들다(on)'의 뜻도 돼요.
2. You don't have to+동사는 You don't need to+동사와 같은 의미를 가져요.
3. 요일 앞에 전치사 on이 나와요. on Friday는 '금요일에'라는 뜻입니다.
4. 어떤 행동이 필요하다고 생각될 때 need to+동사를 사용해요.
5. 어떤 사실을 알고 있지 못했을 때 네이티브들은 I didn't know that.이라고 표현합니다.

Chapter

2

대화를 '너'로 시작할 때!

QR코드를 찍어
원어민의 음성을
들어보세요!

UNIT

15

[주어+조동사+동사+목적어+전명구]

Pattern **058**

• You should...

~해야 해요

기본문법정리

상대방에게 뭔가를 적극적으로 권할 때 You should+동사의 패턴을 사용하죠.
물론 충고조로 You should+동사를 활용할 수 있습니다.

문장 뼈대　You(주어) should(조동사) + 동사 + 목적어 + 전명구

　　　　　　　핵심문장 만들기　　　　　　　추가문장 만들기

Step **1-1**　주어 + **조동사**

• 해요
• **You should**

Step **1-2**　주어 + 조동사 + **동사**

• 해요 / 받아야
• **You should / get**

> **exercise** (운동해야)
> **get back** (돌아가야)
> **be back** (돌아와야)

Step **1-3**　주어 + 조동사 + 동사 + **목적어**

• 해요 / 받아야 / 도움 좀
• **You should get / some help**

> **some professional help** (전문가의 도움 좀)
> **some assistance** (원조 좀)
> **some advice** (충고 좀)

Step 1-4 주어 + 조동사 + 동사 + 목적어 + **전명구**

• 해요 / 받아야 / 도움 좀 / 토니로부터
• You should get some help / **from Tony**

from your friend (친구로부터)
from your co-worker (직장 동료로부터)
from your roommate (룸메이트로부터)

Step 2 Actual Dialogue

Ⓐ 토니로부터 도움 좀 받아야 해요.
Ⓑ Yes, I probably should.

Ⓐ **You should get some help from Tony.**
Ⓑ 네, 그래야겠어요.

TIP

1. 동사 get의 기본적인 뜻은 '얻다', '받다'예요. 때로는 '이해하다'로 의미가 확대되기도 하죠.
2. some help는 우리말로 '도움 좀'이라는 뜻이에요.
3. '~로부터'의 뜻을 갖는 전치사가 바로 from이에요.
4. should는 '~하는 게 좋겠어요'로 충고나 권유할 때 사용하는 조동사죠.
5. 동사 get과 관련된 표현으로 I don't get it.(이해가 안 돼), Got it?(이해돼?), Do you get it?(이해가 돼?), I got it.(알겠어), You got it.(그래 맞아)처럼 다양해요. 여기서 동사 get은 '이해하다'의 뜻입니다.

주어+조동사+동사+목적어+전명구

Pattern 059

● You shouldn't...
~하면 안 돼요

기본문법정리

should+동사의 부정이 shouldn't+동사예요. shouldn't는 should not의 줄임말이기도 하죠. 상대방에게 훈계조로 말할 때 사용하는 패턴이에요.

문장 뼈대 You(주어) shouldn't(조동사)+동사+목적어+전명구

핵심문장 만들기　　　　　　　추가문장 만들기

Step 1-1 주어 + **조동사**

• 안 돼요
• You shouldn't

Step 1-2 주어 + 조동사 + **동사**

• 안 돼요 / 데려가면
• You shouldn't / take*

> **go out** (외출하면)
> **be late** (지각하면)
> **eat this** (이거 먹으면)

* take
데리고 가다

Step 1-3 주어 + 조동사 + 동사 + **목적어**

• 안 돼요 / 데려가면 / 그녀를
• You shouldn't take / her

> **your wife** (부인을)
> **your children** (자녀를)
> **your family** (가족을)

Step 1-4 주어 + 조동사 + 동사 + 목적어 + **전명구**

- 안 돼요 / 데려가면 / 그녀를 / 그 파티에
- You shouldn't take her / to the party

to the hospital (그 병원에)
to the meeting (그 모임에)
to the concert (그 콘서트에)

Step 2 Actual Dialogue

Ⓐ 그 파티에 그녀를 데려가면 안 돼요.
Ⓑ Why not? She really wanted to go there.

Ⓐ You shouldn't take her to the party.
Ⓑ 왜 안 되죠? 그곳에 가기를 정말 원했거든요.

TIP

1. 동사 take에는 '데리고 가다' 또는 '가지고 가다'의 뜻이 있어요. 자기로부터 점점 멀어져 가는 경우를 말할 때 사용하죠.
2. 동사 take를 활용해서 I'll take you home.이라고 말하면 '집에 데려다줄게.'라는 뜻이에요.
3. 전치사 to 다음에 나오는 장소(the party)가 바로 목적지가 되는 거예요.
4. 상대방에게 뭔가에 대해 훈계조로 말하고 싶을 때 You shouldn't+동사 패턴을 적극적으로 사용할 수 있어요.
5. 동사 take가 '데리고 가다', '가지고 가다'라면, 반대로 bring은 '데리고 오다', '가지고 오다'예요. 서로 상반되는 단어죠.

주어+조동사+동사+목적어+전명구

Pattern 060

• You had better...

~하는 게 좋겠어요

기본문법정리

You had better+동사는 '~하는 게 좋겠어요'라는 뜻이에요. 상대방이 뭔가를 해줬으면 하는 생각이 들 때 사용하는 패턴이죠.

문장 뼈대   You(주어) had better(조동사) + 동사 + 목적어 + 전명구

핵심문장 만들기   추가문장 만들기

Step 1-1 주어 + 조동사

• 좋겠어요
• You had better

Step 1-2 주어 + 조동사 + 동사

• 좋겠어요 / 다하는 게
• You had better / do

> watch out (조심하는 게)
> be careful (조심하는 게)
> take my advice (내 충고를 듣는 게)

Step 1-3 주어 + 조동사 + 동사 + 목적어

• 좋겠어요 / 다하는 게 / 최선을
• You had better do / your best*

> your homework (숙제를)
> your assignment (과제를)
> your utmost (최선을)

* do one's best
최선을 다하다

Step 1-4 주어 + 조동사 + 동사 + 목적어 + **전명구**

- 좋겠어요 / 다하는 게 / 최선을 / 끝까지
- You had better do your best / **until the end***

   until tomorrow (내일까지)
   until the end of the day (하루가 끝날 때까지)
   until the completion of the project.
   (프로젝트가 완성될 때까지)

* until the end
   끝까지

Step 2 Actual Dialogue

Ⓐ 끝까지 최선을 다하는 게 좋겠어요.
Ⓑ Thanks for your concern. I'll do my best.

Ⓐ You had better do your best until the end.
Ⓑ 걱정해줘서 고마워요. 최선을 다할게요.

1. You had better를 You'd better처럼 줄여서 말하기도 하죠.
2. You'd better를 부정문으로 만들려면 not만 better 뒤에 붙여 You'd better not 이라고 하면 됩니다.
3. 숙어로 do one's best는 '최선을 다하다'의 뜻이에요.
4. 전명구(전치사구)인 until the end는 '끝까지'로 until은 전치사 역할을 해요.
5. until이 접속사 역할을 할 때는 뒤에 '주어+동사'의 절 구조를 가져요.

Chapter

3

대화를 '육하원칙'으로 시작할 때!

 QR코드를 찍어
원어민의 음성을
들어보세요!

UNIT

16

[육하원칙 Who]

육하원칙 Who

Pattern 061

Who is...?

~은 누구예요?

기본문법정리

be동사 is 다음에 명사가 나오면 '~은 누구예요?'라는 뜻이에요. 혹시 알고 싶은 사람이 있을 때 활용할 수 있는 패턴이죠. 구어체에서는 Who is를 Who's처럼 줄여서 말하기도 합니다.

문장 뼈대 Who(의문사) is(be동사) + 명사(구) + 전명구

핵심문장 만들기   추가문장 만들기

Step 1-1   의문사 + be동사

- 누구예요?
- Who is?

Step 1-2   의문사 + be동사 + 명사(구)

- 누구예요? / 이 애는
- Who is / this guy*?

  this lady (이 아가씨)
  this woman (이 여자)
  this boy (이 소년)

* guy
남자, 친구, 녀석

Step 1-3 의문사 + be동사 + 명사(구) + 전명구

• 누구예요? / 이 애는 / 사진 속에
• Who is this guy / in the picture*?

* picture 사진

in the swimming pool (수영장에 있는)
with Peter (피터와 함께 있는)
with your younger brother (남동생과 함께 있는)

Step 2 Actual Dialogue

Ⓐ 사진 속 이 애 누구죠?

Ⓑ His name is Tony. He's my nephew.

Ⓐ Who is this guy in the picture?

Ⓑ 그 애 이름은 토니예요. 제 조카죠.

TIP

1. 이름과 관련된 표현 중에 first name(이름), last name(성) 그리고 family name(성)등이 있습니다.

2. nephew는 '남자 조카'를 말하며 '여자 조카'는 niece예요.

3. 상대방이 이름을 물을 때 My name is Tony.(제 이름은 토니예요)처럼 대답할 수 있어요. 하지만 때로는 I'm Tony.(토니예요) 또는 Tony is my name.(토니가 제 이름이에요)처럼 표현하기도 합니다.

4. 명사 guy는 '남자', '녀석', '친구'라는 뜻이에요.

5. 전명구(전치사구)인 in the picture를 생략하고 Who is this guy?(이 애 누구죠?)처럼 말해도 완벽한 문장이 돼요. 전명구(전치사구)는 문장 속에서 있어도 되고 없어도 되는 존재이기 때문이죠.

육하원칙 Who

Who is your...?

당신의 ~은 누구예요?

기본문법정리

소유격인 your는 형용사 역할을 해요. 다음에 나오는 명사(구)를 꾸며주죠.
뜻은 '당신의 ~은 누구예요?'로, 상대방에게 궁금한 내용이 있을 때 명사만
살짝 바꿔 넣으면 돼요.

문장 뼈대   Who(의문사) is(be동사) your(소유격)+명사(구)+전명구

핵심문장 만들기   추가문장 만들기

Step 1-1 **의문사 + be동사**

• 누구예요?

• Who is?

Step 1-2 **의문사 + be동사 + 소유격**

• 누구예요? / 당신의

• Who is / your?

> his (그의)
> her (그녀의)
> their (그들의)

Step 1-3 **의문사 + be동사 + 소유격 + 명사(구)**

• 누구예요? / 당신의 / 가장 좋아하는 영화배우는

• Who is your / favorite* movie star?

> favorite singer (가장 좋아하는 가수는)
> best friend (가장 친한 친구는)
> English teacher (영어 선생님은)

* favorite
가장 좋아하는

▶

Step 1-4 의문사 + be동사 + 소유격 + 명사(구) + **전명구**

• 누구예요? / 당신의 / 가장 좋아하는 영화배우는 / 할리우드에서

· Who is your favorite movie star
/ in Hollywood?

in Korea (한국에서)
in Japan (일본에서)
throughout the world
(전 세계를 통해)

Step 2 Actual Dialogue

Ⓐ 할리우드에서 가장 좋아하는 영화배우는 누구
   예요?

Ⓑ Well, my favorite movie star is Tom Cruise. He's so amazing.

Ⓐ Who is your favorite movie star in
   Hollywood?

Ⓑ 글쎄요, 가장 좋아하는 영화배우는 탐 크루즈예요. 그는 정말 대단
   해요.

TIP

1. 영화와 관련된 중에 director(감독), actor(남자 배우), actress(여자배우),
   supporting actor(남자조연배우), supporting actress(여자조연배우)등이 있어요.
2. favorite은 형용사로 '가장 좋아하는'의 뜻으로 뒤에 나오는 명사를 꾸며주죠.
3. movie star는 명사 movie와 명사 star가 함께 합쳐진 복합명사예요.
4. 네이티브들은 대화 도중에 상대방의 질문에 답변이 쉽게 생각나지 않을 때,
   Well(글쎄요)이라고 말하며 생각할 시간을 가지려고 하죠.
5. Who is your favorite+사람 명사?(가장 좋아하는 ~은 누구예요?)의 패턴을 활용
   해서 개인적인 질문을 할 수 있습니다.

육하원칙 Who

Pattern **063**

•Who do you...?

~은 누구예요?, 누구를 ~해요?

기본문법정리

Who do you+동사?는 '~은 누구예요?', '누구를 ~해요?'의 뜻이에요. 상대방에게 의견 또는 생각 따위를 묻고 싶을 때 사용하죠.

문장 뼈대 Who(의문사) do(조동사) you(주어)+동사+전명구+전명구

핵심문장 만들기   추가문장 만들기

Step **1-1**   의문사 + 조동사 + **주어**

• 사람은 누구예요?

• Who do **you**?

Step **1-2**   의문사 + 조동사 + 주어 + **동사**

• 사람은 누구예요? / 좋아하는

• Who do you / **like**?

> **love** (사랑하다)
> **recommend** (추천하다)
> **look like** (닮다)

Step **1-3**   의문사 + 조동사 + 주어 + 동사 + **전명구**

• 사람은 누구예요? / 좋아하는 / 남자 배우 중에

• Who do you like / **among the actors*** ?   * actor 남자배우

> **among the actresses** (여자배우 중에)
> **among the singers** (가수 중에)
> **among the soccer players** (축구선수 중에)

Step 1-4 의문사 + 조동사 + 주어 + 동사 + 전명구 + **전명구**

- 사람은 누구예요? / 좋아하는 / 남자 배우 중에 / 할리우드

· Who do you like among the actors
/ in Hollywood?

in Korea (한국에서)
in China (중국에서)
in France (프랑스에서)

Step 2 Actual Dialogue

Ⓐ 할리우드 남자 배우 중에 누굴 좋아해요?

Ⓑ I like Jim Carrey. He is awesome.

Ⓐ Who do you like among the actors in
Hollywood?

Ⓑ 짐 캐리를 좋아해요. 대단하거든요.

TIP

1. 남자 배우는 actor지만 여자 배우는 actress이에요.
2. 동사 like는 '좋아하다'의 뜻이에요. 목적어로 명사(구), to부정사(to+동사원형),
   동명사(v~ing)를 취하죠.
3. 동사 like는 원래 '좋아하다'지만 구어체에서는 종종 '마음에 들다', '멋있다'라는
   뜻으로도 사용돼요. 그래서 I like your car.라고 하면 '차가 마음에 들어.', '차가
   멋있네.'라는 의미가 되는 거죠. 이때 Thanks.라고 간단하게 대답하면 됩니다.
4. 일반동사 like를 가지고 의문문을 만들 때는 do동사의 도움을 받아야 해요.
   do동사는 대동사 또는 조동사 역할을 하죠. 여기서는 조동사 역할을 하는 거예요.
5. 형용사 awesome은 '훌륭한'의 뜻이에요.

육하원칙 Who

Pattern 064

• Who did you...?

누구를 ~했어요?

기본문법정리

Who did you+동사?는 '누구를 ~했어요?'의 뜻으로, 현재가 아닌 과거를 묻는 거죠. 문법적으로 동사의 목적어 역할을 하는 whom을 써야 하지만, 일반적으로 who를 사용하는 경우가 더 많아요.

문장 뼈대   Who(의문사) did(조동사) you(주어)+동사+시간 부사(구/절)

| 핵심문장 만들기 | 추가문장 만들기 |

Step **1-1**   의문사 + 조동사 + **주어**

• 누구를 했어요?

• Who did you?

Step **1-2**   의문사 + 조동사 + 주어 + **동사**

• 누구를 했어요? / 만나다

• Who did you / meet*?

      invite (초대하다)
      call (전화하다)
      choose (선택하다)

* meet 만나다

Step 1-3 **의문사 + 조동사 + 주어 + 동사 + 시간부사(구/절)**

- 누구를 했어요? / 만나다 / 아침에
- Who did you meet / in the morning*?

  last night(지난밤에)
  a week ago(일주일 전에)
  when you were in New York
  (뉴욕에 있었을 때)

* in the morning
아침에

Step 2 Actual Dialogue

Ⓐ 이봐요, 피터! 아침에 누구 만났던 거예요?

Ⓑ I didn't meet anyone in the morning.

Ⓐ Hey, Peter! Who did you meet in the morning?

Ⓑ 아침에 아무도 안 만났어요.

TIP

1. 전명구(전치사구)인 in the morning은 '아침에'의 뜻이에요. 좀 응용해서 in the afternoon(오후에), in the evening(저녁에)의 표현들도 만들 수 있어요.

2. 동사 meet의 과거형은 met이며 과거분사도 met이에요.

3. 동사 meet의 목적어 역할을 하는 의문사 whom을 써야 할 것 같지만, 구어체에서는 whom 대신에 who를 더 많이 사용해요.

4. 전치사 in 다음에는 명사가 나오는데요, 전치사를 영어로 preposition이라고 해요. 즉, 명사 pre(앞에)+position(위치한다)이라는 뜻이죠. 전명구(전치사구)는 문장 속에서 시간 또는 장소의 의미를 가집니다.

● Who will...?

누가 ~할 거예요?

Pattern 065

기본문법정리

조동사 will은 불확실한 미래를 나타내는 반면에 be going to+동사는 미리 예정된 미래를 나타날 때 사용해요. Who will+동사?는 '누가 ~할 거예요?' 라는 의미입니다.

문장 뼈대 Who(의문사) will(조동사) + 동사 + 목적어 + 전명구

핵심문장 만들기　　　　　　　　　　추가문장 만들기

Step 1-1　　**의문사 + 조동사**

• 누가 할 거예요?

• Who will?

Step 1-2　　**의문사 + 조동사 + 동사**

• 누가 할 거예요? / 지불

• Who will / pick up?

> **pay** (계산하다)
> **attend** (참석하다)
> **help** (돕다)

Step 1-3　　**의문사 + 조동사 + 동사 + 목적어**

• 누가 할 거예요? / 지불 / 계산서

• Who will pick up / the bill*?

> **the tab** (계산서)
> **the phone** (전화)
> **the check** (음식값)

* pick up the bill
계산하다

Step 1-4 의문사 + 조동사 + 동사 + 목적어 + **전명구**

- 누가 할 거예요? / 지불 / 계산서 / 점심 값
- Who will pick up the bill / for lunch?

for drinks (음료수 값을)
for meals (음식 값을)
on a first date (첫 데이트에)

Step 2 Actual Dialogue

Ⓐ 점심 값 누가 계산할 거예요?
Ⓑ I think it's my turn this time.

Ⓐ Who will pick up the bill for lunch?
Ⓑ 이번에는 제 차례 같아요.

TIP

1. 숙어로 pick up the bill이라고 하면 '계산하다'라는 뜻이에요.
2. the bill 대신에 the tab을 넣어서 pick up the tab이라고 해도 '계산하다'라는 의미죠.
3. 네이티브들은 '계산하다'라는 뜻으로 Let me pay the bill.(내가 낼게요), I'll take care of it.(내가 계산할 거야) 또는 This is on me.(이건 내가 낼게)라고 말해요. 숙어로 take care of는 '처리하다', '계산하다'라는 뜻입니다.
4. 동사 think는 '생각하다'지만 구어체에서는 '~인 것 같다'라는 뜻으로 사용돼요. 자신의 생각을 좀 누그러뜨려 말할 때 사용하죠.
5. this time은 '이번에는'이며, 명사 turn은 '차례', '순서'예요.

3

대화를 '육하원칙'으로 시작할 때!

QR코드를 찍어
원어민의 음성을
들어보세요!

UNIT

17

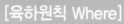

[육하원칙 Where]

육하원칙 Where

Where is(are)...?

~은 어디에 있어요?

Pattern 066

기본문법정리

장소를 묻는 패턴 중에 가장 쉽게 머리에 떠오르는 말이 Where is(are)+명사
(구)?예요. 대상이 사람이 될 수도 있고 사물이 될 수도 있어요. 여기서 be동사
는 뒤에 오는 명사가 단수이면 is로, 복수이면 are가 됩니다.

문장 뼈대 Where(의문사) is(are)(be동사) + 명사(구) + 전명구

핵심문장 만들기   추가문장 만들기

Step 1-1 의문사 + be동사

• 어디에 있어요?

• Where is?

Step 1-2 의문사 + be동사 + 명사(구)

• 어디에 있어요? / 가장 가까운 버스 정류장은

• Where is / the nearest bus stop*?

  the taxi stand (택시 승차장은)
  the ticket office (매표소는)
  the post office (우체국은)

* bus stop
  버스 정류장

의문사 + be동사 + 명사(구) + 전명구

- 어디에 있어요? / 가장 가까운 버스 정류장은 / 이 근처에
- **Where is the nearest bus stop / around here?**

  from here (이곳에서)
  from this place (이 장소로부터)
  from this hotel (이 호텔로부터)

Actual Dialogue

Ⓐ 실례지만, 이 근처에 가장 가까운 버스 정류장은 어디에 있죠?

Ⓑ I'm sorry, but I'm new here myself.

Ⓐ Excuse me, where is the nearest bus stop around here?

Ⓑ 죄송하지만, 저도 이곳이 처음이에요.

TIP

1. 장소를 묻는 가장 쉬운 말이 Where is+장소 명사?예요.

2. Where is+장소 명사?보다 좀 더 공손한 말이 Where can I find+장소 명사?(어디서 ~을 찾을 수 있어요?)입니다.

3. bus stop은 '버스 정류장'이며 taxi stand는 '택시 승차장'이에요.

4. I'm new here myself.를 직역하면 '나 자신도 이곳이 새로워요.'지만 의역하면 '저도 이곳은 초행길이에요.'라는 뜻이에요.

5. I'm sorry.는 '미안해요.'의 뜻이지만, sorry를 약간 올려 I'm sorry?라고 하면 '뭐라고 얘기하셨죠?', '다시 한번 말해줄래요?'라는 의미예요. 상대방의 말을 이해 못했을 때 What?이라고 말하면 때에 따라 불쾌하게 들릴 수 있거든요. 이럴 때는 Excuse me? 또는 I'm sorry?처럼 끝을 올려 표현하면 좋습니다.

육하원칙 Where

Pattern 067
● Where do you...?
어디서 ~해요?

기본문법정리

평소에 무언가를 어디서 하는지를 묻는 패턴이 Where do you+동사?입니다.
뜻은 '어디서 ~해요?'죠. 일반 동사를 의문문으로 만들 때는 do동사가 필요하
죠. 즉, do동사는 대동사 또는 조동사 역할을 동시에 합니다.

문장 뼈대 Where(의문사) do(조동사) you(주어) + 동사 + 전명구

핵심문장 만들기　　　　　　　　　추가문장 만들기

Step 1-1　　의문사 + 조동사 + **주어**

● 어디서 해요?
· Where do **you?**

Step 1-2　　의문사 + 조동사 + 주어 + **동사**

● 어디서 해요? / 운동
· Where do you / **exercise***?

　　　　　live (살다)
　　　　　have lunch (점심 먹다)
　　　　　work (일하다)

* exercise
운동하다

Step 1-3 의문사 + 조동사 + 주어 + 동사 + **전명구**

- 어디서 해요? / 운동 / 아침마다
- Where do you exercise / **in the mornings?**

in the evenings (저녁에)
after work (퇴근 후에)
on weekends (주말에)

Step 2 Actual Dialogue

Ⓐ 아침마다 어디서 운동하죠?

Ⓑ I work out at the gym every morning.

Ⓐ Where do you exercise in the mornings?

Ⓑ 매일 아침 헬스클럽에서 운동해요.

TIP

1. '운동하다'는 exercise 또는 work out이라고 해요. 후자는 보통 헬스클럽 같은 곳에서 운동 트레이너의 지도하에 다양한 운동 기구를 가지고 정해진 순서대로 운동하는 것을 말합니다.

2. 전명구인 at the gym과 in the mornings는 화자에 따라 생략 가능합니다.

3. Where do you exercise/in the mornings?처럼 전명구(전치사구)를 뒤에 붙여 넣으면 문장이 점점 길어지는 것을 눈으로 쉽게 파악할 수 있어요.

4. 전명구인 in the mornings(아침마다)를 강조해서 말하고 싶다면, In the mornings, I work out at the gym. 처럼 문장 맨 앞으로 옮기면 됩니다.

5. 명사 morning과 관련된 표현으로 this morning(오늘 아침), in the morning (아침에), every morning(매일 아침), early in the morning(아침 일찍), a morning person(아침형 인간)등이 있어요.

육하원칙 Where

Pattern **068**

Where did you...?

어디서 ~했어요?

기본문법정리

과거에 무언가를 한 장소가 어디인지를 묻고자 할 때 사용하는 패턴이에요.
Where did you+동사?는 '어디서 ~했어요?'의 의미예요.

문장 뼈대 Where(의문사) did(조동사) you(주어)+동사+시간 부사(구/절)

핵심문장 만들기   추가문장 만들기

Step **1-1**   **의문사 + 조동사 + 주어**

• 어디서 했어요?

• Where did you?

Step **1-2**   **의문사 + 조동사 + 주어 + 동사**

• 어디서 했어요? / 머물

• Where did you / stay*?

    go (가다)
    drink (술 마시다)
    sleep (자다)

* stay 머무르다

Step 1-3 의문사 + 조동사 + 주어 + 동사 + 시간부사(구/절)

- 어디서 했어요? / 머물 / 서울에 있는 동안에
- **Where did you stay / while you were in Seoul?**

while you were in Sydney (시드니에 있는 동안에)
during your last summer vacation
(지난 여름휴가 동안에)

last night (지난밤에)

Step 2 Actual Dialogue

Ⓐ 서울에 있는 동안 어디서 머물렀어요?

Ⓑ I just stayed at a hotel.

Ⓐ Where did you stay while you were in Seoul?

Ⓑ 그냥 호텔에서 머물렀어요.

TIP

1. 접속사 while은 '~ 동안에', '~ 반면에'처럼 두 가지의 뜻을 가져요.
2. 자동사 stay는 '머무르다', '체류하다'라는 의미죠.
3. 절(주어+동사)의 구조인 while you were in Seoul를 문장 맨 앞으로 옮겨 While you were in Seoul, where did you stay?처럼 표현하기도 합니다.
4. 부사 just는 '그저', '단지', '오직'의 뜻이에요. 보통 문장 속에서 현재 완료 또는 과거 시제와 함께 사용되죠.
5. 의문사 where와 while 중에 앞에 나온 의문사 where가 더 중요한 역할을 해요.

육하원칙 Where

Pattern 069

• Where should I...?

어디서 ~해야 해요?

기본문법정리

조동사 should는 '강한 권유' 또는 '강한 충고'조로 사용되는 조동사예요.
Where should I+동사?는 '어디서 ~해야 해요?'라는 뜻으로, 무언가를 어디서
해야 할지 몰라 상대방에게 조언을 얻고자 할 때 사용하는 패턴이죠.

문장 뼈대   Where(의문사) should(조동사) I(주어)+동사+목적어+전명구

핵심문장 만들기   추가문장 만들기

Step **1-1**   의문사 + 조동사 + **주어**

• 어디서 해야 해요?

· Where should I?

Step **1-2**   의문사 + 조동사 + 주어 + **동사**

• 어디서 해야 해요? / 사야

· Where should I / buy?

go (가다)
stay (머무르다)
visit (방문하다)

Step **1-3**   의문사 + 조동사 + 주어 + 동사 + **목적어**

• 어디서 해야 해요? / 사야 / 생일 선물을

· Where should I buy / a birthday present*?

a new hat (새 모자를)
a winter jacket (방한복을)
an umbrella (우산을)

* birthday
present
생일 선물

Step 1-4 의문사 + 조동사 + 주어 + 동사 + 목적어 + **전명구**

- 어디서 해야 해요? / 사야 / 생일 선물을 / 부인을 위한
- Where should I buy a birthday present / for my wife?

for my son (아들을 위한)
for my friend (친구를 위한)
for my mother (어머님을 위한)

Step 2 Actual Dialogue

Ⓐ 부인 생일 선물 어디서 사야 하죠?

Ⓑ If I were you, I would go to a gift shop to buy one.

Ⓐ Where should I buy a birthday present for my wife?

Ⓑ 나라면, 선물가게에 가서 살 거예요.

TIP

1. '내가 너라면'을 네이티브들은 If I were you...,라고 표현해요.
2. gift shop은 '선물 가게'예요.
3. 동사 buy는 '사다', '구입하다'라는 뜻인데요, 구어체에서는 '이해하다'라는 뜻도 되죠. 그래서 I don't buy it. 이라고 하면 '이해가 안 돼.'라는 의미가 되는 거죠.
4. 가정법 과거를 해석할 때는 현재로 해석해야 합니다.
5. If I were you...,를 If I were in your shoes...,처럼 표현하는데요, 여기서 shoes는 '입장', '상황'이라는 뜻이에요.

육하원칙 Where

Pattern 070

Where can I...?
어디서 ~할 수 있어요?

기본문법정리

Where is(are)+장소 명사? 보다 좀 더 공손한 말이 Where can I find+장소
명사?입니다. 물론 동사 find 대신에 상황에 맞는 다른 동사 어휘를 넣으면
되죠. Where can I+동사?의 뜻은 '어디서 ~할 수 있어요?'예요.

문장 뼈대 Where(의문사) can(조동사) I(주어)+동사+목적어+전명구

핵심문장 만들기　　　　　　　　　추가문장 만들기

Step 1-1　**의문사 + 조동사 + 주어**

• 어디서 할 수 있어요?
• Where can I?

Step 1-2　**의문사 + 조동사 + 주어 + 동사**

• 어디서 할 수 있어요? / 찾을
• Where can I / find*?

> **put** (두다)
> **buy** (사다)
> **park** (주차하다)

* find 찾다

Step 1-3　**의문사 + 조동사 + 주어 + 동사 + 목적어**

• 어디서 할 수 있어요? / 찾을 / 롯데호텔을
• Where can I find / the Lotte Hotel?

> **the restroom** (화장실을)
> **the subway station** (지하철역을)
> **your new office** (당신 새 사무실을)

Step 1-4 **의문사 + 조동사 + 주어 + 동사 + 목적어 + 전명구**

- 어디서 할 수 있어요? / 찾을 / 롯데호텔을 / 이 근처에서
- Where can I find the Lotte Hotel
  / around here?

from here (여기서부터)
downtown (시내에서)
in this city(이 도시에서)

Step 2 Actual Dialogue

Ⓐ 실례지만, 아가씨. 이 근처에서 롯데호텔은 어디에 있죠?

Ⓑ Well, I'm on my way there now, so I'd be happy to take you there.

Ⓐ Excuse me, ma'am. Where can I find the Lotte Hotel around here?

Ⓑ 지금 그곳에 가는 길이거든요, 그러므로 제가 기꺼이 그곳까지 모셔다 드릴게요.

TIP

1. 해외여행을 하다 보면 종종 길을 묻게 되는데요, 이럴 때 유용한 패턴이 Where can I find+장소 명사?에요.
2. 숙어로 on one's way는 '~ 도중에', '~에 가는 길에'의 뜻이에요.
3. 보통 I'd be happy to+동사는 '기꺼이 ~해 드리죠'의 의미입니다.
4. Where can I+장소 명사?를 Where is+장소 명사?처럼 가볍게 얘기하기도 하죠. 하지만 전자가 좀 더 공손한 표현이에요.
5. 여성에게 길을 물을 때는 Excuse me, ma'am처럼 말을 건네면 됩니다.

3

대화를 '육하원칙'으로 시작할 때!

QR코드를 찍어
원어민의 음성을
들어보세요!

UNIT

18

[육하원칙 When]

육하원칙 When

Pattern **071**

When is...?

~은 언제예요?, ~은 언제죠?

기본문법정리

상대방에게 넓은 시간대를 묻고 싶을 때 When is+명사(구)?의 패턴을 사용할 수 있어요. 의미는 '~은 언제예요?', '~은 언제죠?'입니다. 구체적인 시간 때를 물을 때는 What time을 사용해요.

문장 뼈대 When(의문사) is(be동사) + 명사(구) + 절(주어+동사)

핵심문장 만들기   추가문장 만들기

Step **1-1**   의문사 + be동사

• 언제예요?

• When is?

Step **1-2**   의문사 + be동사 + 명사(구)

• 언제예요? / 다음 모임은

• When is / the next meeting*?

     his birthday party (그의 생일 파티는)
     your job interview (당신 면접은)
     our workshop (우리 워크숍은)

* meeting
모임, 회의

의문사 + be동사 + 명사(구) + 절(주어+동사)

- 언제예요? / 다음 모임은 / 우리가 참석해야 할
- When is the next meeting
  / we have to attend*?

    we have to participate in (우리가 참여해야 할)
    we need to attend (우리가 참석해야만 하는)
    we should attend (우리가 참석해야 할)

* **attend**
  참석하다

Step 2 Actual Dialogue

Ⓐ 참석해야 할 다음 모임이 언제죠?

Ⓑ Well, I don't know for sure.

Ⓐ When is the next meeting we have to attend?

Ⓑ 글쎄요, 확실히 모르겠네요.

TIP

1. 동사 attend는 '참석하다'로 비슷한 말로 take part in(참여하다)과 participate in(참가하다)이 있어요.

2. have to+동사는 '~해야 한다'로 당연히 뭔가를 해야 할 당위성이 있을 때 사용하죠.

3. 의문사 when은 구체적인 시간 때를 묻는 what time 보다는 좀 더 넓은 시간대를 나타내요.

4. 숙어로 for sure는 '확실히'의 뜻이에요.

5. '모르겠다.'라는 의미로 네이티브들은 종종 Beats me.처럼 표현합니다.

육하원칙 When

When is your...?

당신의 ~은 언제예요?, 당신의 ~은 언제죠?

기본문법정리

상대방과 관련된 일이 언제인지를 묻고 싶을 때 사용하는 패턴이 When is your+명사(구)?입니다. '당신의 ~은 언제예요?', '당신의 ~은 언제죠?'의 뜻이죠.

문장 뼈대 When(의문사) is(be동사) your(소유격)+명사(구)+전명구

핵심문장 만들기　　　　　　　　　추가문장 만들기

Step 1-1 　의문사 + be동사

• 언제예요?

• When is?

Step 1-2 　의문사 + be동사 + 소유격

• 언제예요? / 당신의

• When is / your?

　　　　your father's (당신 아버지의)
　　　　your son's (당신 아들의)
　　　　your wife's (당신 부인의)

Step 1-3 　의문사 + be동사 + 소유격 + 명사(구)

• 언제예요? / 당신의 / 약속은

• When is your / appointment*?

　　　　date (데이트는)
　　　　birthday (생일은)
　　　　winter vacation (겨울 휴가는)

* appointment
약속

Step 1-4　의문사 + be동사 + 소유격 + 명사(구) + 전명구

- 언제예요? / 당신의 / 약속은 / 치과의사와
- **When is your appointment**

  / with the dentist*?

  with the client (고객과)
  with the doctor (의사와)
  with Dr. Kim (닥터 김과)

* dentist
치과의사

Step 2　Actual Dialogue

Ⓐ 치과 진료 약속이 언제죠?
Ⓑ On Friday at 5.

Ⓐ When is your appointment with the dentist?
Ⓑ 금요일 5시예요.

TIP

1. 명사 dentist는 '치과의사'예요. 숙어로 see a dentist는 '치과치료받다'입니다.
2. 명사 appointment는 '약속'으로 make an appointment with(~와 약속을 하다),
   have an appointment with(~와 약속이 있다)처럼 표현하기도 하죠.
3. 요일 앞에서는 전치사 on이 나오고, 시간 앞에서는 전치사 at이 나와요.
4. 시간대를 좀 더 구체적으로 묻고자 할 때 what time을 활용해서 What time is
   your appointment with the dentist?라고 하는데요, 그 의미는 '치과 진료 약속은
   몇 시죠?'입니다.
5. appointment는 '약속'으로 시간을 정한 약속을 말해요. 보통 병원에서 진료 약속이
   있을 때 appointment를 사용하죠. 이와 반대로 화자의 주관적인 약속을 말할 때는
   promise를 사용해요. 행동으로 꼭 옮기겠다는 약속을 말하는 겁니다.

육하원칙 When

When do you...?

언제 ~해요?

기본문법정리

When do you+동사?의 패턴을 가지고 상대방에게 평소에 습관적으로 하는 행동의 시간대를 물어볼 수 있어요. '언제 ~해요?'라는 뜻이죠.

문장 뼈대 When(의문사) do(조동사) you(주어)+동사+전명구+전명구

핵심문장 만들기　　　　　　　　　추가문장 만들기

Step 1-1 의문사 + 조동사 + **주어**

• 언제 해요?

• When do you?

Step 1-2 의문사 + 조동사 + 주어 + **동사**

• 언제 해요? / 출근

• When do you / go?

> **get up** (일어나다)
> **exercise** (운동하다)
> **leave** (떠나다)

Step 1-3 의문사 + 조동사 + 주어 + 동사 + **전명구**

• 언제 해요? / 출근 / 직장에

• When do you go / to work*?

> **to school** (학교에)
> **to church** (교회에)
> **to the fitness club** (헬스클럽에)

* go to work
출근하다

Step 1-4 **의문사 + 조동사 + 주어 + 동사 + 전명구 + 전명구**

• 언제 해요? / 출근 / 직장에 / 아침에

• When do you go to work / in the morning*?

in the afternoon (오후에)
on Mondays (월요일마다)
on weekdays (평일에)

* in the morning
아침에

Step 2 Actual Dialogue

Ⓐ 아침에 언제 출근해요?

Ⓑ I go to work at 7 a.m.

Ⓐ When do you go to work in the morning?

Ⓑ 오전 7시에 출근해요.

TIP

1. '출근하다', '직장에 가다'를 go to work라고 해요. 때로는 get to work라고도
   하죠. 뜻은 '직장에 도착하다'로 여기서 get은 arrive의 의미예요.
2. '오전'은 a.m., '오후'는 p.m.인데요, 둘 다 시간 다음에 나와야 해요.
3. 명사로 work는 '일', '직장', '작업'이지만, 동사로는 '일하다', '작용하다'에요.
4. 동사인 work 다음에 out이 나와 work out이라고 하면 '운동하다', '(문제 등을)
   해결하다'라는 뜻이에요.
5. 아침인사로 Good morning.이라고 표현합니다.

육하원칙 When

Pattern 074

When did you...?

언제 ~했어요?

기본문법정리

과거에 한 행동의 시점이 언제인지를 묻는 패턴이 When did you+동사?
입니다. '언제 ~했어요?'로 과거 시점에 초점이 맞춰졌어요.

문장 뼈대 When(의문사) did(조동사) you(주어)+동사+목적어+전명구

핵심문장 만들기   추가문장 만들기

Step 1-1   의문사 + 조동사 + **주어**

• 언제 했어요?

· When did **you?**

Step 1-2   의문사 + 조동사 + 주어 + **동사**

• 언제 했어요? / 방문

· When did you / **visit***?

     travel (여행하다)
     get married (결혼하다)
     come (오다)

* visit 방문하다

Step 1-3   의문사 + 조동사 + 주어 + 동사 + **목적어**

• 언제 했어요? / 방문 / 뉴욕에

· When did you visit / **New York?**

     Chicago (시카고에)
     San Francisco (샌프란시스코에)
     Seoul (서울에)

Step 1-4 의문사 + 조동사 + 주어 + 동사 + 목적어 + **전명구**

• 언제 했어요? / 방문 / 뉴욕에 / 휴가로

When did you visit New York

/ on your vacation*? * vacation 휴가

on your summer vacation (여름휴가로)
on your honeymoon (신혼여행으로)
on your business trip (출장으로)

Step 2 Actual Dialogue

Ⓐ 휴가로 언제 뉴욕 방문했던 거예요?

Ⓑ I visited last Sunday.

Ⓐ **When did you visit New York on your vacation?**

Ⓑ 지난 일요일에 갔다 왔어요.

TIP

1. 타동사 visit은 '방문하다'라는 뜻이에요.

2. '휴가로'를 on one's vacation이라고 표현해요.

3. 명사 vacation과 관련 표현으로 take a vacation(휴가를 가다), go on vacation(휴가 가다), summer(winter) vacation 여름(겨울) 휴가, on one's vacation(휴가로)등이 있어요.

4. visit New York처럼 동사 visit은 타동사 역할을 해요. 그러므로 뒤에 방향 전치사 to가 나올 필요가 없죠.

Pattern **075**

When can I...?

언제 ~할 수 있어요?, 언제 ~할 수 있죠?

기본문법정리

조동사 can에는 '가능성' 또는 '허락'의 뜻이 있어요. 여기서는 가능성의 뜻이죠.
When can I+동사?라고 하면 '언제 ~할 수 있어요?', '언제 ~할 수 있죠?'
입니다. 행동을 언제 취할 수 있는지 궁금할 때 사용하죠.

문장 뼈대 When(의문사) can(조동사) I(주어)+동사+목적어+to부정사

핵심문장 만들기   추가문장 만들기

Step **1-1**   의문사 + 조동사 + **주어**

• 언제 할 수 있어요?

• When can I?

Step **1-2**   의문사 + 조동사 + 주어 + **동사**

• 언제 할 수 있어요? / 사용

• When can I / use?

> **sleep** (자다)
> **work** (일하다)
> **drive** (운전하다)

Step **1-3**   의문사 + 조동사 + 주어 + 동사 + **목적어**

• 언제 할 수 있어요? / 사용 / 당신 컴퓨터를

• When can I use / your computer*?

> **your printer** (당신 프린터를)
> **your car** (당신 차를)
> **your backpack** (당신 배낭을)

* computer
컴퓨터

Step 1-4 의문사 + 조동사 + 주어 + 동사 + 목적어 + **to부정사**

• 언제 할 수 있어요? / 사용 / 당신 컴퓨터를 / 내 보고서 끝내려면

• When can I use your computer
/ to finish my report?

to do my homework (내 숙제하려면)
to print out this (이걸 출력하려면)
to email Sam (샘에게 이메일 보내려면)

Step 2 Actual Dialogue

Ⓐ 언제 당신 컴퓨터 사용해서 제 보고서 끝낼 수 있죠?

Ⓑ You can use it right after I finish typing this.

Ⓐ When can I use your computer to finish my report?

Ⓑ 내가 이거 타이핑 끝낸 직후 사용해도 돼요.

TIP

1. 동사 finish는 '끝내다'로 목적어로 동사가 올 때는 동명사(-ing) 구조를 취해요.

2. to부정사(to+동사원형)인 to finish는 '끝내려면', '끝내기 위해'처럼 '목적'의 뜻을 가져요.

3. 동사 use는 '사용하다'지만 구어체에서는 조동사 can 또는 could와 함께 사용되어 '필요하다'라는 의미를 전해요.

4. right after는 '바로 직후'이며, right before는 '바로 직전'의 뜻입니다.

5. this는 지시 형용사나 지시대명사 역할을 동시에 하는데요, 여기서는 지시대명사예요.

3

대화를 '육하원칙'으로 시작할 때!

QR코드를 찍어
원어민의 음성을
들어보세요!

UNIT

19

육하원칙 Why

육하원칙 Why

Pattern 076

Why are you...?

왜 ~해요?

기본문법정리

Why are you+형용사/분사?는 상대방에게 기분이나 감정 뒤에 숨겨있는 이유를 묻는 거예요. 즉, '왜 ~해요?'라는 뜻이죠. 형용사 또는 과거분사(동사 +-ed)가 기분이나 감정 따위를 표현하죠.

문장 뼈대 **Why**(의문사) **are**(be동사) **you**(주어)+형용사/분사+전명구

핵심문장 만들기   추가문장 만들기

Step 1-1 **의문사 + be동사 + 주어**

• 왜 해요?

• Why are you?

Step 1-2 **의문사 + be동사 + 주어 + 형용사/분사**

• 왜 해요? / 관심 있어

• Why are you / interested*?

  bored (지루한)
  angry (화난)
  sad (슬픈)

* interested
  관심 있는

Step **1-3** 의문사 + be동사 + 주어 + 형용사/분사 + **전명구**

• 왜 해요? / 관심 있어 / 한국 역사에

· Why are you interested / in Korean history?

in **American culture** (미국 문화에)
in **Tony** (토니에게)
in **Chinese** (중국어에)

Step **2** Actual Dialogue

Ⓐ 한국 역사에 왜 관심 있어요?

Ⓑ I've always wanted to know a lot about it.

Ⓐ Why are you interested in Korean history?

Ⓑ 늘 그것에 대해 많은 것을 알고 싶었거든요.

1. 숙어로 be interested in~은 '~에 관심 있다'라는 뜻이죠. 전치사 in 다음에는 명사(구) 또는 동명사(-ing) 구조가 나와야 합니다.

2. Korean history는 '한국 역사'이며, American history는 '미국 역사'예요.

3. I've always wanted to+동사는 '늘(항상) ~하고 싶었어요'의 의미입니다.

4. 감정 유발 타동사인 interest는 수식받는 대상이 사람일 경우에 과거분사 interested처럼 모습이 바뀝니다.

5. '~에 대해 많이 알다'는 know a lot about~이라고 말해요.

육하원칙 Why

Pattern **077**

Why are you -ing?

왜 ~하는 거예요?, 왜 ~할 거예요?

기본문법정리

be동사 다음에 일반동사-ing가 나오면 현재 진행형 또는 가까운 미래 시점을 나타내요. 상황에 따라 두 가지로 해석되죠. 그러므로 Why are you -ing?는 '왜 ~하는 거예요?', '왜 ~할 거예요?'의 뜻이에요.

문장 뼈대 Why(의문사) are(be동사) you(주어)+현재분사+전명구+전명구

핵심문장 만들기   추가문장 만들기

Step **1-1** 의문사 + be동사 + **주어**

• 왜 할 거예요?

• Why are you?

Step **1-2** 의문사 + be동사 + 주어 + **현재분사**

• 왜 할 거예요? / 여행

• Why are you / traveling*?

       moving out (이사 가려고)
       studying (공부하려고)
       leaving (떠나려고)

* **travel**
여행하다

Step **1-3** 의문사 + be동사 + 주어 + 현재분사 + **전명구**

• 왜 할 거예요? / 여행 / 일본으로

• Why are you traveling / to Japan*?

       to Italy (이탈리아로)
       to Paris (파리로)
       to Switzerland (스위스로)

* **Japan** 일본

Step 1-4 **의문사 + be동사 + 주어 + 현재분사 + 전명구 + 전명구**

- 왜 할 거예요? / 여행 / 일본으로 / 부인과
- Why are you traveling to Japan
  / with your wife?

  with your best friend (절친이랑)
  in the evening (저녁에)
  for no reason (이유 없이)

Step 2 Actual Dialogue

Ⓐ 부인과 왜 일본으로 여행하려고 해요?

Ⓑ To celebrate our first wedding anniversary.

Ⓐ Why are you traveling to Japan with your wife?

Ⓑ 첫 결혼기념일을 축하하려고요.

TIP

1. be traveling의 구조는 현재 진행형이지만 구어체에서는 가까운 미래를 나타낼 때도 이런 구조를 가져요.

2. 동사 celebrate은 '축하하다', '기념하다'의 뜻이에요.

3. '결혼기념일'을 wedding anniversary이라고 해요.

4. to부정사(to+동사원형)인 to celebrate은 '기념하기 위해', '축하하기 위해'처럼 목적으로 해석됩니다.

5. 방향 전치사 to는 '~으로'라는 뜻으로, to 다음에 장소 명사가 나오면 바로 최종 목적지가 되는 거예요.

육하원칙 Why

078

● Why do you...?

왜 ~해요?, 왜 ~하죠?

기본문법정리

상대방이 평소에 하는 행동 이면에 있는 이유를 알고 싶을 때 Why do you+
동사?의 패턴을 사용해요. 의미는 '왜 ~해요?', '왜 ~하죠?'입니다.

문장 뼈대 Why(의문사) do(조동사) you(주어) + 동사 + 전명구

核심문장 만들기   추가문장 만들기

Step 1-1 **의문사 + 조동사 + 주어**

• 왜 해요?

• Why do you?

Step 1-2 **의문사 + 조동사 + 주어 + 동사**

• 왜 해요? / 일찍 일어나

• Why do you / get up early*?

     get up late (늦게 일어나다)
     stay up (밤을 새우다)
     skip breakfast (아침을 굶다)

* **get up early**
일찍 일어나다

Step 1-3 **의문사 + 조동사 + 주어 + 동사 + 전명구**

• 왜 해요? / 일찍 일어나 / 아침마다
• Why do you get up early / **in the mornings?**

on weekends (주말에)
on weekdays (주중에)
on Mondays (월요일마다)

Step 2 **Actual Dialogue**

Ⓐ 왜 아침마다 일찍 일어나죠?
Ⓑ I want to start the day early.

Ⓐ Why do you get up early in the mornings?
Ⓑ 하루를 일찍 시작하고 싶어서요.

TIP

1. get up early는 '일찍 일어나다'예요. '일어나다' get up에 부사 early(일찍)를 더한 거죠.
2. 전명구(전치사구) in the mornings(아침마다)처럼 명사 morning 앞에 전치사 in이 나와야 해요.
3. 동사 want(원하다)는 미래지향적인 동사라 to부정사(to+동사원형)를 목적어로 취하죠.
4. 숙어로 start the day early는 '하루를 일찍 시작하다', '일찍 하루를 시작하다'라는 의미예요.
5. 의문사 why로 질문받을 때 보통 접속사 because를 사용해서 대답하는데요, 위 문장처럼 접속사 because를 생략하고 대답할 수 있어요.

육하원칙 Why

Pattern **079**

Why did you...?

왜 ~했어요?

기본문법정리

현재가 아니 과거에 어떤 동작을 한 이유가 궁금할 때 사용하는 패턴이에요.
Why did you+동사?는 '왜 ~했어요?'의 뜻이에요.

문장 뼈대 Why(의문사) did(조동사) you(주어)+동사+목적어+시간 부사(구/절)

핵심문장 만들기   추가문장 만들기

Step 1-1 의문사 + 조동사 + **주어**

• 왜 했어요?

• Why did **you**?

Step 1-2 의문사 + 조동사 + 주어 + **동사**

• 왜 했어요? / 전화

• Why did you / **call***?

> **cry** (울다)
> **get wet** (물에 젖다)
> **go shopping** (쇼핑하다)

* **call** 전화하다

Step 1-3 의문사 + 조동사 + 주어 + 동사 + **목적어**

• 왜 했어요? / 전화 / 나에게

• Why did you call / **me**?

> **Tony** (토니에게)
> **Ashley** (애슐리에게)
> **your mother** (당신 어머님께)

▶

Step 1-4 의문사 + 조동사 + 주어 + 동사 + 목적어 + **시간 부사(구/절)**

- 왜 했어요? / 전화 / 나에게 / 내가 지난밤 일하고 있던 동안

- Why did you call me

/ **while I was working last night?**

when I was sleeping (내가 자고 있던 동안에)
late last night (지난밤 늦게)
yesterday (어제)

Step 2 Actual Dialogue

Ⓐ 내가 지난밤 일하고 있던 중에 왜 전화했어요?

Ⓑ I'm so sorry, but I had an urgent matter to discuss with you.

Ⓐ Why did you call me while I was working last night?

Ⓑ 정말 미안한데요, 하지만 당신과 상의해야 할 급한 문제가 있었거든요.

TIP

1. 접속사 while은 두 가지 뜻을 가져요. 하나는 '~하는 동안에'이며, 다른 하나는 '~하는 반면에'예요.

2. I'm sorry.(미안해요)를 강조해서 말하고자 할 때 부사 so(너무)나 really(정말)의 도움을 받으면 되죠.

3. 형용사 urgent는 '급한', '시급한'의 뜻이에요. 결국 urgent matter는 '급한 문제' 입니다.

4. 타동사인 discuss는 '토론하다'이며 명사형은 discussion(토론)이에요. 숙어로 have a discussion이라고 하면 '토론하다'의 뜻이 됩니다.

5. to부정사(to+동사원형)인 to discuss는 앞에 나온 명사구 an urgent matter를 수식해 주는 형용사 역할을 해요.

육하원칙 Why

Pattern 080

Why didn't you...?
왜 ~ 안 했어요?, 왜 ~ 안 했죠?

기본문법정리

과거에 당연히 해야 할 일을 상대방이 하지 않았다면 그 이유가 뭔지 궁금하게 되잖아요. 이때 적절하게 사용할 수 있는 패턴이 Why didn't you+동사?입니다. 의미는 '왜 ~ 안 했어요?', '왜 ~ 안 했죠?'예요.

문장 뼈대 Why(의문사) didn't(조동사) you(주어)+동사+목적어+전명구

핵심문장 만들기   추가문장 만들기

Step 1-1 의문사 + 조동사 + **주어**

• 왜 안 했어요?

• Why didn't **you**?

Step 1-2 의문사 + 조동사 + 주어 + **동사**

• 왜 안 했어요? / 초대

• Why didn't you / invite*?

> **dress up** (정장하다)
> **wait here** (여기서 기다리다)
> **sleep** (자다)

* invite 초대하다

Step 1-3 의문사 + 조동사 + 주어 + 동사 + **목적어**

• 왜 안 했어요? / 초대 / 존을

• Why didn't you invite / John?

> **Cindy** (신디를)
> **your friend** (당신 친구를)
> **your co-workers** (당신 직장 동료들을)

Step 1-4 의문사 + 조동사 + 주어 + 동사 + 목적어 + **전명구**

- 왜 안 했어요? / 초대 / 존을 / 당신 파티에
- Why didn't you invite John / to your party?

> **to your place** (당신 집에)
> **to your birthday party** (당신 생일 파티에)
> **to your wedding** (당신 결혼식에)

Step 2 Actual Dialogue

Ⓐ 어제 왜 존을 파티에 초대 안 했어요?

Ⓑ He called me and said that he had to go on a business trip.

Ⓐ Why didn't you invite John to your party yesterday?

Ⓑ 출장 가야 한다고 전화 왔거든요.

TIP

1. 숙어로 go on a business trip이라고 하면 '출장 가다'입니다.

2. have to+동사의 과거형은 had to+동사예요.

3. 동사 call은 '전화하다'예요. 이처럼 '전화'와 관련된 다른 표현들에는 give ~ a call(~에게 전화하다), pick up the phone(전화받다), answer the phone(전화받다), hang up the phone(전화 끊다), pay phone(공중전화)등이 있어요.

4. 동사 invite은 '초대하다'이며 명사형은 invitation(초대)이에요.

5. had to+동사(~해야만 했다)는 어쩔 수 없이 뭔가를 해야 할 경우를 말해요.

Chapter

3

대화를 '육하원칙'으로 시작할 때!

QR코드를 찍어
원어민의 음성을
들어보세요!

UNIT

20

[육하원칙 What]

육하원칙 What

• What is...?

~이 뭐예요?, ~이 뭐죠?

Pattern 081

기본문법정리

be동사 다음에 명사(구)가 나오면 '~이 뭐예요?', '~이 뭐죠?'의 뜻입니다. 즉,
What is+명사(구)? 패턴을 말해요. 대화의 요점이 문제가 될 수도 있고, 직업
이나 이름이 될 수도 있어요.

문장 뼈대 What(의문사) is(be동사) + 명사(구) + 전명구

핵심문장 만들기   추가문장 만들기

Step 1-1   의문사 + be동사

- 뭐예요?
- What is?

Step 1-2   의문사 + be동사 + 명사(구)

- 뭐예요? / 문제가
- What is / the problem*?

     the matter (문제가)
     your address (당신 주소가)
     his number (그의 전화번호가)

* problem 문제

의문사 + be동사 + 명사(구) + 전명구

• 뭐예요? / 문제가 / 당신 컴퓨터에
• **What is the problem** / **with your computer*?**

　　　　　with your car (당신 차에)
　　　　　with your new project (당신 새 프로젝트에)
　　　　　with this copier (이 복사기에)

* computer
컴퓨터

Actual Dialogue

Ⓐ 컴퓨터가 왜 그래요?
Ⓑ It just broke down.

Ⓐ **What is the problem with your computer?**
Ⓑ 그냥 고장 났어요.

TIP

1. What is the problem with your computer?를 What's wrong with your computer?처럼 표현해요.

2. 숙어로 break down은 '고장 나다'에요.

3. break가 명사일 때는 '(잠깐의) 휴식'이에요. 그러므로 take a break라고 하면 '잠시 쉬다'가 되는 거죠. 네이티브들은 같은 의미로 take five라고 하는데요. '5분간 쉬다'의 의미랍니다.

4. What is the problem with+명사(구)?는 '~의 문제가 뭐예요?', '~이 왜 그래요?' 의 뜻이에요.

5. 전명구인 with your computer를 생략하고 What is the problem? 또는 What's the problem?처럼 표현하면 '왜 그래?', '무슨 문제 있어?', '문제가 뭔데 그래?'의 뜻입니다. 간단하게 What's wrong? 또는 What is it?처럼 표현하죠.

육하원칙 What

Pattern 082

• What is your...?

당신의 ~이 뭐예요?, 당신의 ~이 뭐죠?

기본문법정리

상대방과 관련된 일이 뭔지 궁금할 때가 있어요. 이럴 때 유용한 패턴이
What is your+명사(구)?죠. '당신의 ~이 뭐예요?', '당신의 ~이 뭐죠?'라는
뜻이에요. 소유격인 **your** 다음에 '형용사+명사'의 구조가 나오기도 합니다.

문장 뼈대 **What**(의문사) **is**(be동사) **your**(소유격)+**형용사**+**명사**

핵심문장 만들기

Step **1-1** 의문사 + be동사

• 뭐예요?

• What is?

Step **1-2** 의문사 + be동사 + 소유격

• 뭐예요? / 당신의

• What is / your?

> **his** (그의)
> **her** (그녀의)
> **Peter's** (피터의)

Step **1-3** 의문사 + be동사 + 소유격 + 형용사

• 뭐예요? / 당신의 / 가장 좋아하는

• What is your / favorite*?

> **most memorable** (가장 기억나는)
> **preferred** (선호하는)
> **most impressive** (가장 인상 깊은)

* **favorite**
가장 좋아하는

Step 1-4 의문사 + be동사 + 소유격 + 형용사 + **명사**

- 뭐예요? / 당신의 / 가장 좋아하는 / 한국 영화는
- What is your favorite / **Korean movie***?

    Hollywood movie (할리우드 영화는)
    Japanese food (일본 음식은)
    color (색깔은)

* Korean movie
한국 영화

Step 2 Actual Dialogue

Ⓐ 가장 좋아하는 한국 영화가 뭐예요?
Ⓑ My favorite Korean movie is 'Haewoondae'. It is so good.

Ⓐ What is your favorite Korean movie?
Ⓑ 가장 좋아하는 한국 영화는 '해운대'예요. 정말 괜찮아요.

TIP

1. 형용사 favorite은 '가장 좋아하는'의 뜻이에요.
2. '한국 영화'는 Korean movie예요. Korean 대신에 Hollywood(할리우드), Chinese(중국의), Japanese(일본의)를 넣을 수 있어요.
3. What is your favorite Korean movie?라는 질문을 받을 때, 대답으로 My favorite Korean movie is~(가장 좋아하는 한국 영화는~)의 패턴을 활용하면 됩니다.
4. What is your favorite+명사?에서 명사 자리에 상대방에게 궁금한 내용을 살짝 바꿔 넣을 수 있어요.
5. 영화와 관련된 표현 중에 I'm a big time movie-goer.라고 하면 '영화 보는 거 정말 좋아해요.'의 뜻입니다. 우리말에 '영화광'을 영어로는 movie-goer, movie buff, movie fanatic이라고 하죠.

육하원칙 What

Pattern

083

● **What do you...?**

무엇을 ~해요?

기본문법정리

'무엇을 ~해요?'라는 뜻을 갖는 **What do you+동사?**는 지금 당장 어떤지를 묻는 것이 아닙니다. 평소에 어떠 한지를 내포하고 있는 거죠.

문장 뼈대 What(의문사) do(조동사) you(주어)+동사+전명구+전명구

핵심문장 만들기 추가문장 만들기

Step **1-1** 의문사 + 조동사 + **주어**

• 무엇을?

• What do **you**?

Step **1-2** 의문사 + 조동사 + 주어 + **동사**

• 무엇을 / 해요?

• What do you / **do**?

> **need** (필요하다)
> **want** (원하다)
> **like** (좋아하다)

Step **1-3** 의문사 + 조동사 + 주어 + 동사 + **전명구**

• 무엇을 / 해요? / 집에서

• What do you do / **at home***?

> **in your room** (방에서)
> **for fun** (재미 삼아)
> **with your smartphone** (스마트폰으로)

* at home
집에서

Step 1-4 의문사 + 조동사 + 주어 + 동사 + 전명구 + **전명구**

• 무엇을 / 해요? / 집에서 / 여가 시간에
• What do you do / at home / **in your free time?**

in your spare time (여가 시간에)
for exercise (운동으로)
after work (퇴근 후에)

Step 2 Actual Dialogue

ⓐ 여가 시간에 집에서 뭐해요?
ⓑ I watch movies or do some exercise to stay in shape.

ⓐ What do you do at home in your free time?
ⓑ 영화를 보거나 건강을 유지하기 위해 운동해요.

TIP

1. 전명구(전치사구)인 in one's free time은 '여가 시간에', '자유 시간에'의 뜻이에요.
2. 전명구(전치사구)인 at home은 '집에서'인데, 여기서 home은 명사예요. 하지만 go home(집에 가다)에서 home은 부사로 '집으로'라는 뜻이므로 전치사 to를 사용해서 go to home처럼 표현하면 안 돼요.
3. '영화보다'는 watch a movie 또는 watch movies라고 표현하죠.
4. '운동하다'라고 하면 동사 exercise가 먼저 생각나죠. 하지만 exercise를 명사로 사용해서 do some exercise라고 표현하면 역시 '운동하다'라는 뜻이에요.
5. 숙어로 stay in shape은 '건강을 유지하다'의 뜻이에요.

Pattern **084**

• What did you...?

무엇을 ~했어요?

기본문법정리

현재가 아닌 과거에 한 행동이 뭔지를 상대방에게 묻고자 할 때, **What did you**+동사?입니다. 의미는 '무엇을 ~했어요?'예요.

문장 뼈대 What(의문사) did(조동사) you(주어)+동사+전명구+시간 부사(구/절)

핵심문장 만들기   추가문장 만들기

Step 1-1 **의문사 + 조동사 + 주어**

• 무엇을 했어요?

• What did **you**?

Step 1-2 **의문사 + 조동사 + 주어 + 동사**

• 무엇을 했어요? / 드셨어

• What did you / **have***?

> **cook** (요리하다)
> **buy** (사다)
> **learn** (배우다)

* **have**
먹다, 마시다

Step 1-3 **의문사 + 조동사 + 주어 + 동사 + 전명구**

• 무엇을 했어요? / 드셨어 / 아침으로

• What did you have / **for breakfast***?

> **for lunch** (점심으로)
> **for dinner** (저녁으로)
> **for dessert** (디저트로)

* **for breakfast**
아침으로

* this morning
오늘 아침

Step 1-4 의문사 + 조동사 + 주어 + 동사 + 전명구 + **시간 부사(구/절)**

• 무엇을 했어요? / 드셨어 / 아침으로 / 오늘 아침에

• What did you have for breakfast

/ this morning*?

in the morning (아침에)
before getting to work (출근 전에)
while you were at home (집에 있던 동안)

* this morning
오늘 아침

Step 2 Actual Dialogue

Ⓐ 오늘 아침에 아침 식사로 뭐 드셨어요?

Ⓑ I just had some bread with a glass of milk.

Ⓐ What did you have for breakfast this morning?

Ⓑ 그냥 우유 한 잔에 빵 먹었어요.

TIP

1. 동사 eat은 '먹다'라는 뜻인데요, 구어체에서는 같은 의미로 have를 사용하죠. 이때 have는 eat 보다는 좀 더 공손한 뜻이에요. 즉, What did you eat?은 '뭐 먹었어요?' 지만 What did you have?는 '뭐 드셨어요?'가 되는 거죠.

2. '우유 한 잔'을 a glass of milk라고 해요.

3. '아침식사'는 breakfast, '점심식사'는 lunch, '저녁식사'는 supper 또는 dinner 인데요, 우리식 저녁을 supper라고 하고, dinner는 정성을 들여 푸짐하게 한 상을 차린 것을 뜻해요.

4. 동사 eat의 과거형은 ate이고 과거분사형은 eaten이에요.

5 부사 just는 '오직', '단지'라는 뜻이에요. 비슷한 뜻을 갖는 부사가 only죠.

육하원칙 What

Pattern **085**
• What about...?
~은 어때요?

기본문법정리

상대방에게 무언가에 대한 제안이 아니라 생각이 어떠한지를 묻고자 할 때 사용하는 패턴입니다. **What about**+명사(구)/동명사? 구조는 '~은 어때요?'예요. 여기서 **about**이 전치사이기에 명사(구) 또는 동명사 구조사 뒤에 따르게 되죠.

문장 뼈대   What(의문사) about(전치사)+명사(구)/동명사+전명구+전명구

핵심문장 만들기   추가문장 만들기

Step **1-1**   의문사 + **전치사**

- 어때요?
- What **about?**

Step **1-2**   의문사 + 전치사 + **명사(구)/동명사**

- 어때요? / 테니스 치는 게
- What about / **playing tennis*?**

     going out(외출하는 게)
     going to the movies(극장에 가는 게)
     tomorrow night(내일 밤)

* play tennis
테니스 치다

Step **1-3**   의문사 + 전치사 + 명사(구)/동명사 + **전명구**

- 어때요? / 테니스 치는 게 / 나랑
- What about playing tennis / **with me?**

     with us(우리랑)
     with Mike(마이크랑)
     with my friend(내 친구랑)

Step 1-4 의문사 + 전치사 + 명사(구)/동명사 + 전명구 + **전명구**

- 어때요? / 테니스 치는 게 / 나랑 / 일요일에
- What about playing tennis with me
  / on Sunday*?

* on Sunday
일요일에

on the weekend(주말에)
after class(수업 후에)
at a tennis court(테니스 코트에서)

Step 2 Actual Dialogue

Ⓐ 일요일에 나랑 테니스 치는 게 어때요?

Ⓑ I'd love to, but I have a previous engagement.

Ⓐ What about playing tennis with me on Sunday?

Ⓑ 좋죠, 하지만 선약이 있거든요.

TIP

1. '테니스 치다'를 play tennis라고 하는 데, 보통 운동 앞에는 정관사 the를 사용하지 않아요.

2. 요일 앞에는 전치사 on이 나오죠.

3. I'd love to.는 I'd like to.와 같은 뜻이에요. '좋아요.'라는 뜻이지만 like보다는 love를 사용할 때 '정말 좋아하다'라는 의미가 더 짙죠. 여기서 I'd는 I would의 줄임말입니다.

4. '선약'을 previous engagement, other plans라고 표현해요.

5. What about+명사(구)/동명사?는 자신의 제안에 대한 상대방의 '생각'은 어떤지를 알고 싶을 때 사용해요. 이와 반대로 How about+명사(구)/동명사?는 말 그대로 '제안'에만 초점이 맞춰졌어요.

chapter

3

대화를 '육하원칙'으로 시작할 때!

QR코드를 찍어
원어민의 음성을
들어보세요!

UNIT

21

[육하원칙 How]

Pattern

086

• How is...?

~은 어때요?, ~은 어떻게 지내요?

기본문법정리

How is+명사(구)?는 '~은 어때요?', '~은 어떻게 지내요?'의 뜻이에요. 날씨가
궁금할 때나 어떤 사람의 안부가 궁금할 때 유용하게 사용할 수 있는 패턴이죠.

문장 뼈대 How(의문사) is(be동사) + 명사(구) + 전명구

핵심문장 만들기   추가문장 만들기

Step **1-1**   의문사 + be동사

- 어때요?

- How is?

Step **1-2**   의문사 + be동사 + 명사(구)

- 어때요? / 날씨는

- How is / the weather*?

         the performance (공연은)
         your mother (당신 어머님은)
         your new job (당신 새 직업은)

* weather 날씨

Step 1-3 **의문사 + be동사 + 명사(구) + 전명구**

- 어때요? / 날씨는 / 서울
- How is the weather / **in Seoul?**

in Osaka (오사카)
in Washington (워싱턴)
in Denver (덴버)

Step 2 Actual Dialogue

Ⓐ 서울 날씨 어때요?
Ⓑ It's a little cold and cloudy.

Ⓐ How is the weather in Seoul?
Ⓑ 좀 춥고 흐려요.

TIP

1. '서울 날씨는 어때요?'를 How is the weather in Seoul? 또는 What's the weather like in Seoul?이라고 표현해요.
2. a little은 '약간', '조금'이라는 뜻이에요.
3. 날씨를 얘기할 때 '흐린' cloudy, '화창한' sunny, '안개 낀' foggy, '비오는' rainy 처럼 표현합니다.
4. 비인칭 주어(it)는 날씨, 가격, 거리, 무게 등을 표현할 때 사용해요.
5. 명사 weather(날씨)와 관련된 표현으로 I feel under the weather.라고 하면 '기분이 별로 안 좋아.'라는 뜻이에요. 몸 상태를 마치 변덕스러운 날씨에 비유해서 표현한 말이죠.

육하원칙 How

Pattern 087

How was your...?

당신의 ~은 어땠어요?, 당신의 ~은 어땠죠?

기본문법정리

상대방과 관련된 일이 과거에 어떠했는지를 묻는 말이에요. How was your+ 명사(구)?는 '당신의 ~은 어땠어요?', '당신의 ~은 어땠죠?'예요.

문장 뼈대 How(의문사) was(be동사)+your(소유격)+명사(구)+전명구

핵심문장 만들기   추가문장 만들기

Step 1-1   의문사 + be동사

- 어땠어요?
- How was?

Step 1-2   의문사 + be동사 + 소유격

- 어땠어요? / 당신의
- How was / your?

    his (그의)
    your sister's (당신 여동생의)
    your friend's (당신 친구의)

Step 1-3   의문사 + be동사 + 소유격 + 명사(구)

- 어땠어요? / 당신의 / 출장은
- How was your / business trip*?

    wedding (결혼식은)
    interview (인터뷰는)
    English class (영어 수업은)

* business trip
출장

의문사 + be동사 + 소유격 + 명사(구) + 전명구

- 어땠어요? / 당신의 / 출장은 / 덴버로
- How was your business trip / to Denver?

to Hong Kong (홍콩으로)
to Seoul (서울로)
to Tokyo (도쿄로)

Ⓐ 덴버 출장 어땠어요?

Ⓑ It was kind of boring and disappointing.

Ⓐ How was your business trip to Denver?

Ⓑ 좀 지루했고 실망스러웠어요.

TIP

1. 복합명사 business trip은 '출장'으로 명사 trip은 짧은 여행을 뜻해요.

2. 숙어로 kind of는 '좀', '약간'으로 a little과 같은 뜻이에요.

3. boring(지루한)과 disappointing(실망스러운) 모두 현재분사예요. 감정 유발 타동사인 bore와 disappoint에서 파생된 분사죠. 둘 다 형용사 역할을 합니다.

4. How was your+명사(구)?를 활용해서 How was your business trip?(출장은 어땠어요?), How was your performance?(공연은 어땠어요?), How was your job interview?(면접은 어땠어요?)처럼 쉬운 문장들을 다양하게 만들 수가 있어요.

5. 질문의 시제가 과거 was이기 때문에 대답도 과거로 해야 돼요.

육하원칙 How

Pattern **088**

How often do you...?
얼마나 자주 ~해요?

기본문법정리

가끔은 상대방에게 어떤 행동을 얼마나 자주 하는지 그 빈도를 묻고 싶을 때가 있어요. 이때 How often do you+동사?를 사용하죠. 의미는 '얼마나 자주 ~해요?'입니다.

문장 뼈대 How(의문사) often(부사) do(조동사) you(주어)+동사+전명구

핵심문장 만들기 　　　　　　　　　　　 추가문장 만들기

Step 1-1 　 **의문사 + 부사 + 조동사 + 주어**

• 얼마나 자주 해요?

• How often do **you**?

Step 1-2 　 **의문사 + 부사 + 조동사 + 주어 + 동사**

• 얼마나 자주 해요? / 외식

• How often do you / eat out*?

go out (외출하다)
go shopping (쇼핑하다)
wash your car (세차하다)

* eat out
외식하다

Step 1-3   **의문사 + 부사 + 조동사 + 주어 + 동사 + 전명구**

- 얼마나 자주 해요? / 외식 / **당신 가족과**
- How often do you eat out / **with your family***?   * family 가족

with your wife (부인과)
with your children (자녀들과)
with your parents (부모님과)

Step 2   Actual Dialogue

Ⓐ 얼마나 자주 가족과 함께 외식해요?

Ⓑ Once or twice a month.

Ⓐ How often do you eat out with your family?

Ⓑ 한 달에 한두 번이요.

TIP

1. How often는 '얼마나 자주'로 어떤 행위에 대한 빈도를 나타내는 말이에요. 다른 말로 How many times라고 하기도 하죠.

2. 숙어로 eat out은 '외식하다'예요.

3. '한 달에 한두 번'을 once or twice a month라고 표현해요. 여기서 a month 대신에 a week(일주일에) 넣어 표현할 수 있어요.

4. How often/do you eat out/with your family? 문장에 a month를 넣어 How often/do you eat out/with your family/a month?(얼마나 자주/외식해요?/ 가족과/한 달에)처럼 좀 더 긴 문장을 만들 수 있어요.

5. 보통 how 다음에 long, much, far, often 등을 넣어 상대방에게 궁금한 내용을 묻게 되죠.

육하원칙 How

How do you...?

어떻게 ~해요?

기본문법정리

어떤 동작을 평소에 어떻게 하는지를 상대방에게 물을 때, How do you+
동사?를 사용해요. '어떻게 ~해요?'의 뜻입니다. 상황에 따라 다양한 일반
동사들이 나오게 되죠.

문장 뼈대 How(의문사) do(조동사) you(주어)+동사+전명구+시간 부사(구)

핵심문장 만들기 　　　　　　　　　　　　　　추가문장 만들기

Step 1-1 　의문사 + 조동사 + **주어**

• 어떻게 해요?

• How do **you**?

Step 1-2 　의문사 + 조동사 + 주어 + **동사**

• 어떻게 해요? / 가

• How do you / **go**?

> **cook** (요리하다)
> **feel** (느끼다)
> **know** (알다)

Step 1-3 　의문사 + 조동사 + 주어 + 동사 + **전명구**

• 어떻게 해요? / 가 / 직장에

• How do you go / **to work***?

> **to school** (학교에)
> **to your office** (당신 사무실에)
> **to your place** (당신 집으로)

* go to work
직장에 가다
(출근하다)

Step 1-4 의문사 + 조동사 + 주어 + 동사 + 전명구 + **시간 부사(구)**

- 어떻게 해요? / 가 / 직장에 / 아침마다

- How do you go to work / in the mornings*?

on weekdays (평일에)
every day (매일)
every Monday (매일 월요일에)

* in the mornings
아침마다

Step 2 Actual Dialogue

Ⓐ 아침마다 어떻게 출근해요?

Ⓑ Usually by subway. But sometimes by taxi or bus.

Ⓐ How do you go to work in the mornings?

Ⓑ 평소에는 전철로 가요. 하지만 때로는 택시나 버스를 타죠.

TIP

1. 숙어로 go to work는 '출근하다', '직장에 가다'예요. 비슷한 말로 get to work가 있는데 이 말은 '직장에 도착하다'죠. 동사 get은 arrive의 뜻이에요. 즉, '도착하다' 라는 뜻에 중점을 두고 있는 겁니다.
2. 교통수단을 나타낼 때는 전치사 by의 도움을 받아야 해요.
3. 부사 usually는 '보통', '대게', '일반적으로'이고, sometimes는 '때로는', '가끔'의 뜻이에요.
4. 명사 work와 관련된 표현 중에 commute to work(통근하다), get off work(퇴근 하다)등도 있어요.
5. '아침에'는 in the morning인데 in the mornings라고 하면 '아침마다'의 뜻입니다.

육하원칙 How

How can I...?

Pattern 090

어떻게 ~할 수 있어요?, 어떻게 ~할 수 있죠?

기본문법정리

How can I+동사?는 '어떻게 ~할 수 있어요?', '어떻게 ~할 수 있죠?'의 뜻이에요. 상대방에게 방법을 말해 달라고 부탁할 때 사용하죠.

문장 뼈대 How(의문사) can(조동사) I(주어)+동사+목적어+전명구

핵심문장 만들기   추가문장 만들기

Step 1-1   의문사 + 조동사 + 주어

• 어떻게 할 수 있어요?

• How can I?

Step 1-2   의문사 + 조동사 + 주어 + 동사

• 어떻게 할 수 있어요? / 도와줄

• How can I / help*?

> contact (연락하다)
> find (찾다)
> forget (잊다)

* help 돕다

Step 1-3   의문사 + 조동사 + 주어 + 동사 + 목적어

• 어떻게 할 수 있어요? / 도와줄 / 당신을

• How can I help / you?

> her (그녀를)
> him (그를)
> them (그들을)

Step 1-4 의문사 + 조동사 + 주어 + 동사 + 목적어 + **전명구**

- 어떻게 할 수 있어요? / 도와줄 / 당신을 / 이사하는 거
- How can I help you / with your move*?

with your report (당신 보고서 작성하는 거)
with your project (당신 프로젝트하는 거)
with your assignment (당신 과제하는 거)

* **move**
이사, 이사하다

Step 2 Actual Dialogue

Ⓐ 이사하는 거 어떻게 도와줄까요?
Ⓑ I'm good, thanks. I think I can handle it myself.

Ⓐ How can I help you with your move?
Ⓑ 괜찮아요, 고마워요. 혼자 처리할 수 있을 것 같아요.

TIP

1. 동사로 move는 '이사하다'지만 명사로는 '이사', '전근'이에요.
2. '어떻게 도와드릴까요?'라고 할 때는 네이티브들은 How can I help(serve) you? 라고 표현합니다.
3. 동사 handle은 '처리하다', '다루다'예요. 비슷한 말로 take care of(돌보다, 처리하다)가 있어요.
4. 상대방의 제안에 대해 괜찮다고 말하려면 I'm good, thanks.처럼 표현하면 됩니다.
5. 자신의 생각을 좀 누그러 트려 얘기하고자 할 때 I think(~인 것 같다)를 사용해요.

4

대화를 '삼인칭'으로 시작할 때!

QR코드를 찍어
원어민의 음성을
들어보세요!

UNIT

22

[삼인칭 It]

삼인칭 It

It's...
~해요

기본문법정리

It's...는 '~해요'로 여기서 it은 가주어예요. 뒤에 to부정사가 나오죠. 문법적인으로 it은 대명사, 비인칭주어, 가주어처럼 다양한 역할을 합니다.

문장 뼈대 It's(가주어 + be동사) + 형용사 + 의미상 주어 + to부정사

핵심문장 만들기

Step 1-1 가주어 + be동사

- 해요
- **It's**

Step 1-2 가주어 + be동사 + 형용사

- 해요 / 어려워
- **It's / difficult***

  easy (쉬운)
  expensive (비싼)
  impossible (불가능한)

* **difficult** 어려운

Step 1-3 가주어 + be동사 + 형용사 + **의미상주어**

- 해요 / 어려워 / 내가
- **It's difficult / for me**

  for us (우리가)
  for them (그들이)
  for him (그가)

Step 1-4 가주어 + be동사 + 형용사 + 의미상주어 + to부정사

- 해요 / 어려워 / 내가 / 일찍 눈을 뜨기가
- It's difficult for me / to wake up early*

  to travel alone (혼자 여행하기가)
  to go there (그곳에 가기가)
  to cancel my flight (항공편을 취소하기가)

* wake up early
일찍 눈을 뜨다

Step 2 Actual Dialogue

Ⓐ 매일 아침 일찍 눈 뜨기가 힘들어요.

Ⓑ I know what you're trying to say.

Ⓐ It is difficult for me to wake up early every morning.

Ⓑ 무슨 말하려는지 알아요.

TIP

1. 형용사 difficult(어려운) 대신에 impossible(불가능한) 또는 not easy(쉽지 않은)를 넣어 표현할 수 있어요.
2. 숙어로 wake up early는 '일찍 눈을 뜨다'예요.
3. every는 형용사로 morning처럼 뒤에 단수 명사를 취해요.
4. 상대방이 하려는 말이 뭔지 잘 알고 있다고 얘기할 때, I know what you're trying to say.처럼 말하죠. 같은 의미로 I know what you mean.(무슨 말인지 알아)이 있어요.
5. to wake up early의 의미상의 주어는 for me예요. 전치사 for 다음에는 목적격 대명사가 나오죠.

삼인칭 It

It's too...

너무 ~해요

Pattern 092

기본문법정리

It's too+형용사/현재분사는 '너무 ~해요'예요. 부사 too는 뒤에 나오는 형용사나 현재분사를 꾸며주는 역할을 하죠. 문장을 좀 더 길게 만들고 싶을 때는 to부정사(to+동사원형)을 덧붙이면 됩니다.

문장 뼈대 It's(가주어+be동사) too(부사)+형용사+to부정사+전명구

핵심문장 만들기　　　　　　추가문장 만들기

Step 1-1 가주어 + be동사 + **부사**

- 너무 해요
- It's **too**

Step 1-2 가주어 + be동사 + 부사 + **형용사**

- 너무 해요 / 더워
- It's too / **hot***

  cold (추운)
  difficult (어려운)
  boring (지루한)

* hot 더운

Step 1-3 가주어 + be동사 + 부사 + 형용사 + **to부정사**

- 너무 해요 / 더워 / 밖에서 일하기에
- It's too hot / **to work outside***

  to exercise outside (밖에서 운동하기에)
  to walk (걷기에)
  to play soccer (축구하기에)

* work outside
밖에서 일하다

Step 1-4 가주어 + be동사 + 부사 + 형용사 + to부정사 + **전명구**

- 너무 해요 / 더워 / 밖에서 일하기에 / 연중 이맘때
- It's too hot to work outside

  / at this time of year

  at this time of day (하루 중 이맘때)
  in the summer (여름에)
  in August (8월에)

Step 2 Actual Dialogue

Ⓐ Hey, Tony! What's wrong? What is it?

Ⓑ 연중 이맘때 밖에서 일하기에는 너무 더워요.

Ⓐ 이봐, 토니! 왜 그래? 무슨 일이야?

Ⓑ It's too hot to work outside at this time of year.

TIP

1. 상대방이 평소와는 사뭇 다른 모습을 보일 때, '왜 그래?', '무슨 일 있어?'라고 말을 건네게 되죠. 네이티브들은 What's wrong? 또는 What is it?이라고 표현해요.

2. What is it?은 상황에 따라서 의미가 조금씩 달라지는데요, 물건을 가리키면서 '그게 뭐야?'라고 할 때 What is it?이라고 해요. 또는 상대방에게 '왜 그래?', '무슨 일이야?'의 식으로 묻게 될 때도 What's wrong?과 같은 의미로 What is it?이라고 하죠.

3. 'too+형용사+to부정사'는 '~하기에 너무 ~하다', '너무 ~해서 ~할 수 없다'의 뜻이 에요.

4. 숙어로 at this time of year는 '연중 이맘때'이며, 이를 응용해서 at this time of day라고 하면 '하루 중 이맘때'가 되는 거예요.

5. to부정사(to+동사원형) to work 앞에 의미상의 주어 for me를 넣어 It's too hot for me to work outside at this time of year.라고 하면 '연중 이맘때 내가 밖에서 일하기에 너무 더워요.'의 뜻입니다.

삼인칭 It

It looks like...
~한 것 같아요, ~처럼 보여요

Pattern 093

기본문법정리

조만간 어떤 일이 일어나거나 어떤 상황이 될 것 같다는 느낌이 들 때, It looks like+명사(구)/절의 패턴을 사용해요. '~한 것 같아요', '~처럼 보여요' 예요. 여기서 like는 동사가 아니라 접속사나 전치사예요.

문장 뼈대 It(주어) looks(동사) like(전치사/접속사)+명사(구)/절+시간 부사(구)

핵심문장 만들기   추가문장 만들기

Step 1-1   **주어 + 동사 + 전치사/접속사**

• 같아요

• It looks **like**

Step 1-2   **주어 + 동사 + 전치사/접속사 + 명사(구)/절**

• 같아요 / 눈이 내릴 것

• It looks like / **it's going to snow**[*]

       you're right (네가 맞다)
       a leaf (나뭇잎)
       a dog (개)

* **snow**
눈이 내리다

Step 1-3 | 주어 + 동사 + 전치사/접속사 + 명사(구)/절 + **시간부사(구)**

- 같아요 / 눈이 내릴 것 / 곧
- It looks like it's going to snow / **soon**[*]

       * soon 곧

     tonight (오늘 밤)
     in the afternoon (오후에)
     this evening (오늘 저녁에)

Step 2 | Actual Dialogue

ⓐ 하늘 좀 봐요. 곧 눈이 내릴 거 같군요.

ⓑ That's right. Good thing I brought along my umbrella.

ⓐ Look at the sky. It looks like it's going to snow soon.

ⓑ 맞아요. 우산 가져오길 잘했어요.

TIP

1. 숙어로 look at은 '~을 보다'예요. 여기서 전치사 at 대신에 for를 넣어 look for라 하면 '~을 찾다'가 되죠.

2. be going to+동사는 이미 결정된 미래를 나타낼 때, 또는 확실히 무언가 일어날 것을 지금 알 수 있을 때 사용해요.

3. 상대방의 말에 동의할 때 You're right.(네 말이 맞아), That's right.(맞아)처럼 응수할 수 있어요.

4. Good thing 주어+과거동사는 '~하길 잘했다'라는 뜻이에요. 꼭 기억할 점은 동사시제가 과거라는 겁니다.

5. 동사 snow(눈이 내리다) 대신에 rain(비 오다)을 넣어 말하면 '곧 비 올 것 같아요.'의 뜻이 되죠.

삼인칭 It

Pattern 094

● Is it really...?

정말 ~해요?

기본문법정리

Is it really+형용사/현재분사?는 '정말 ~해요?'예요. 뭔가를 강조해서 말할 때 부사 really를 사용하는데요, 뒤에 나오는 형용사 또는 현재분사(v-ing)를 수식해 주는 역할을 하죠.

문장 뼈대 Is(be동사) it(가주어) really(부사)+형용사/현재분사+to부정사+전명구

핵심문장 만들기   추가문장 만들기

Step 1-1 · be동사 + 가주어 + 부사

• 정말 해요?

• **Is it really*?**

* really 정말

Step 1-2 · be동사 + 가주어 + 부사 + 형용사/현재분사

• 정말 해요? / 중요

• **Is it really / important*?**

good (좋은)
interesting (흥미로운)
exciting (신나는)

* important
중요한

Step 1-3 · be동사 + 가주어 + 부사 + 형용사/현재분사 + to부정사

• 정말 해요? / 중요 / 운동하는 게

• **Is it really important / to exercise*?**

to have breakfast (아침 먹는 게)
to make friends (친구들을 사귀는 게)
to lose weight (살 빼는 게)

* exercise
운동하다

Step 1-4 be동사 + 가주어 + 부사 + 형용사/현재분사 + to부정사 + **전명구**

• 정말 해요? / 중요 / 운동하는 게 / 아침마다

• Is it really important to exercise
/ in the mornings?

after work (퇴근 후에)
on weekends (주말에)
on weekdays (주중에)

Step 2 Actual Dialogue

Ⓐ 아침마다 운동하는 게 정말 중요해요?
Ⓑ Well, it depends on what time you do it.

Ⓐ Is it really important to exercise in the mornings?
Ⓑ 글쎄요, 몇 시에 운동하느냐에 달려있죠.

TIP

1. '운동하다'는 exercise 또는 work out입니다.
2. 부사 really는 형용사 important를 강조해 주는 역할을 하죠. 문장에서 생략 가능한 게 바로 부사예요.
3. 자동사 depend(의지하다)는 전치사 on의 도움을 받아 뒤에 목적어를 취해요.
4. It depends.라고 하면 '(상황에 따라) 다르다.', '그때그때 달라.'라는 뜻이에요.
5. 상대방의 질문에 즉각적으로 대답할 수 없을 때, Well(글쎄요)이라고 말하면서 잠시 생각할 시간을 가지면 됩니다.

삼인칭 It

• Is it okay if I...?

Pattern **095**

~해도 괜찮아요?, ~해도 될까요?

기본문법정리

어떤 행동을 하기 전에 상대방으로부터 먼저 허락을 받아야 할 경우가 있는
데요, **Is it okay if I+동사?**입니다. '~해도 괜찮아요?', '~해도 될까요?'의 뜻
이죠.

문장 뼈대   Is(be동사) it(가주어) okay(형용사) if(접속사) I(주어)+동사+목적어+전명구.

핵심문장 만들기   추가문장 만들기

Step 1-1   be동사+가주어+형용사+접속사+**주어**

- 될까요?

- Is it okay if I?

Step 1-2   be동사+가주어+형용사+접속사+주어+**동사**

- 될까요? / 사용해도

- Is it okay if I / use*?   * use 사용하다

> **leave** (떠나다)
> **drink** (마시다)
> **park** (주차하다)

Step 1-3   be동사+가주어+형용사+접속사+주어+동사+**목적어**

- 될까요? / 사용해도 / 당신 전화를

- Is it okay if I use / your phone*?   * phone 전화

> **your smartphone** (당신 스마트폰을)
> **your car** (당신 차를)
> **this computer** (이 컴퓨터를)

▶

Step 1-4 be동사+가주어+형용사+접속사+주어+동사+목적어+**전명구**

- 될까요? / 사용해도 / 당신 전화를 / 잠시

- Is it okay if I use your phone / **for a moment***?

for a minute (잠시)
for a second (잠깐)
for a while (잠시 동안)

* for a moment
잠시

Step 2 Actual Dialogue

Ⓐ 잠시 전화 좀 써도 될까요?

Ⓑ Sure, no problem. Here you are.

Ⓐ Is it okay if I use your phone for a moment?

Ⓑ 물론이죠. 여기 있어요.

TIP

1. Is it okay if I+동사? 대신에 Is it all right to+동사?를 써도 돼요.

2. 전명구인 for a moment는 '잠시', '잠깐', '잠시 동안'의 뜻입니다.

3. Here you are.는 '여기 있어요.'라는 뜻이에요. 비슷한 표현으로 Here you go.가 있기도 하죠.

4. 전명구 with you를 넣어 Is it okay with you if I+동사?처럼 표현하기도 해요.

5. '물론이죠.'의 뜻인 sure와 비슷한 표현이 of course예요. 때로는 sure가 '천만에요.'라는 의미도 된답니다.

Chapter 4

대화를 '삼인칭'으로 시작할 때!

QR코드를 찍어
원어민의 음성을
들어보세요!

UNIT

23

[삼인칭 This, There, Let, Don't]

삼인칭 This, There, Let, Don't

Pattern 096

• This is...

이곳은 ~예요

기본문법정리

be동사 is 다음에 나오는 명사(구)가 보어 역할을 하는데요, 즉, This is+
명사(구)는 '이곳은 ~예요'의 뜻이죠. 여기서 this는 지시대명사입니다.

문장 뼈대 This(지시대명사) is(be동사)+명사(구)+주어+과거 동사+to부정사

핵심문장 만들기　　　　　　　　추가문장 만들기

Step 1-1 가주어 + be동사

• 이곳은 예요
• This is

Step 1-2 지시대명사 + be동사 + 명사(구)

• 이곳은 예요 / 레스토랑
• This is / the restaurant*

　　the place (장소)
　　the bag (가방)
　　the watch (시계)

* restaurant
레스토랑, 식당

Step 1-3 지시대명사 + be동사 + 명사(구) + 주어 + 과거동사

• 이곳은 예요 / 레스토랑 / 내가 원했던
• This is the restaurant / I wanted

　　I told you (당신에게 말했던)
　　I was talking about (내가 얘기하고 있었던)
　　I had lunch at (점심 먹었던)

Step 1-4 **지시대명사 + be동사 + 명사(구) + 주어 + 과거 동사 + to부정사**

- 이곳은 예요 / 레스토랑 / 내가 원했던 / 가기를
- This is the restaurant I wanted / **to go to**

  to go to again (다시 가기를)
  to have dinner at (저녁 먹기를)
  to recommend you (당신에게 추천하기를)

Step 2 Actual Dialogue

Ⓐ 이곳이 내가 가고 싶었던 레스토랑이에요.
Ⓑ Oh, really? That's news to me.

Ⓐ This is the restaurant I wanted to go to.
Ⓑ 오, 그래요? 금시초문이네요.

TIP

1. this는 명사를 수식해주는 지시 형용사나 지시대명사 역할을 동시에 해요.
2. 미래지향적인 동사 want는 to부정사(to+동사원형)를 목적어로 취하죠.
3. Oh, really?와 같은 의미로 네이티브들은 Oh, yeah?라고도 하죠.
4. 우리말 '금시초문이다.'에 해당되는 영어 표현이 That's news to me.입니다.
5. This is the restaurant I wanted to go to.에서 선행사 restaurant과 주어 I 사이에
   관계대명사 which 또는 that이 생략되었어요.

Pattern 097

● There is no...

~이 없어요

기본문법정리

There is no+명사(구)는 '~이 없어요'예요. be동사 다음에 나오는 명사(구)에
따라 동사 수가 결정되죠. 명사(구)가 사람이 될 수도 있고 사물이 될 수도
있어요. 여기서 no는 명사를 수식해 주는 형용사입니다.

문장 뼈대 There(유도 부사) is(be동사) no(형용사)+명사(구)+to부정사+전명구

핵심문장 만들기   추가문장 만들기

Step **1-1** 유도부사 + be동사 + **형용사**

• 없어
• There is **no**

Step **1-2** 유도부사 + be동사 + 형용사 + **명사(구)**

• 없어 / 시간이
• There is no / **time***   * time 시간

> **convenience store** (편의점이)
> **chance** (기회가)
> **pay phone** (공중전화가)

Step **1-3** 유도부사 + be동사 + 형용사 + 명사(구) + **to부정사**

• 없어 / 시간이 / 공부할
• There is no time / **to study***   * study 공부하다

> **to lose** (낭비할)
> **to talk with you** (너랑 얘기할)
> **to do some window shopping** (윈도쇼핑할)

Step 1-4 유도 부사 + be동사 + 형용사 + 명사(구) + to부정사 + **전명구**

- 없어 / 시간이 / 공부할 / 집에서
- There is no time to study / **at home**[*]

  in the library (도서관에서)
  in the evening (저녁에)
  after school (방과 후에)

* at home
집에서

Step 2 Actual Dialogue

Ⓐ How many hours do you spend on studying at home?

Ⓑ 실은, 집에서 공부할 시간이 없어.

Ⓐ 집에서 몇 시간 공부해?

Ⓑ Honestly, there is no time to study at home.

TIP

1. 전명구인 at home은 '집에서'의 뜻이에요. 집과 관련된 표현으로 '집에 가다'는 go(head) home이죠.

2. '(시간을) 보내다'라는 뜻으로 동사 spend를 쓰는데요, 구어체에서는 보통 뒤에 전치사 in 또는 on을 생략하고 사용하죠.

3. 부사 honestly는 '실은', '사실은'예요. 비슷한 표현으로 as a matter of fact(사실은) 가 있어요.

4. There is no time to study.에서 to부정사(to+동사원형) to study는 앞에 명사 time을 꾸며주는 형용사 역할을 합니다.

5. There is no time to+동사 패턴을 활용해서 There is no time to lose.(이럴 시간 없어요), There is no time to exercise.(운동할 시간 없어), There is no time to meet her.(그녀를 만날 시간 없어요)처럼 다양한 문장들을 만들 수 있어요.

삼인칭 This, There, Let, Don't

Pattern **098**

• Let's...
~합시다

기본문법정리

Let's+동사는 '~합시다'예요. Let's는 let us의 줄임말이죠. 상대방에게 뭔가를 하자고 제안할 때 사용하는 패턴입니다.

문장 뼈대 Let's(사역동사+인칭대명사) + 동사 + 목적어 + 전명구

핵심문장 만들기   추가문장 만들기

Step 1-1 사역동사 + **인칭대명사**

• 합시다
• Let's

Step 1-2 사역동사 + 인칭대명사 + **동사**

• 합시다 / 먹읍
• Let's / eat*

    go (가다)
    dance (춤추다)
    walk (걷다)

* eat 먹다

Step 1-3 사역동사 + 인칭대명사 + 동사 + **목적어**

• 합시다 / 먹읍 / 점심
• Let's eat / lunch*

    breakfast (아침)
    dinner (저녁)
    bread (빵)

* lunch 점심

Step 1-4 사역동사 + 인칭대명사 + 동사 + 목적어 + **전명구**

- 합시다 / 먹읍 / 점심 / 공원에서
- Let's eat lunch / at the park*

  at a Chinese restaurant (중국집에서)
  at home (집에서)
  at noon (정오에)

* at the park
공원에서

Step 2 Actual Dialogue

Ⓐ 공원에서 점심 먹읍시다.
Ⓑ That's a good idea.

Ⓐ Let's eat lunch at the park.
Ⓑ 좋은 생각이에요.

TIP

1. 상대방에게 뭔가를 같이 하자고 제안할 때 사용하는 패턴이 Let's+동사예요.
2. 동사 eat는 '먹다'지만 구어체에서는 종종 '몹시 괴롭히다', '초조하게 만들다'라는 뜻도 돼요. 그래서 What's eating you?라고 하면 '뭐가 고민이야?'가 되는 거죠.
3. 상대방의 제안이 마음에 들면 That's a good idea.(좋은 생각이야), That sounds good.(좋아요), I'd love(like) to.(좋아요)처럼 대답할 수 있어요.
4. 뭔가를 같이 하자고 제안할 때 사용하는 패턴에는 How about+명사/동명사?, Let's+동사, Would you like to+동사?등이 있습니다.
5. '아침'은 breakfast, '점심'은 lunch, '저녁'은 dinner 또는 supper예요.

삼인칭 This, There, Let, Don't

Pattern **099**

Let me...
제가 ~할게요

기본문법정리

동사 **let**은 사역동사이므로 목적어 다음에 목적 보어는 동사원형이 나와요.
Let me+동사는 '제가 ~할게요'라는 뜻이에요. 어떤 동작을 스스로가 하겠다
는 말이죠.

문장 뼈대   Let(사역동사) me(인칭대명사)+동사+목적어+시간 부사(구)

핵심문장 만들기   추가문장 만들기

Step 1-1   **사역동사 + 인칭대명사**

• 제가 할게요
• Let me

Step 1-2   **사역동사 + 인칭대명사 + 동사**

• 제가 할게요 / 지불
• Let me / pay*

> **sleep** (자다)
> **go** (가다)
> **try** (시도하다)

* **pay** 지불하다

Step 1-3   **사역동사 + 인칭대명사 + 동사 + 목적어**

• 제가 할게요 / 지불 / 계산서
• Let me pay / the bill*

> **the hospital** (병원비)
> **the tuition** (수업료)
> **my share** (제 것은, 제 몫은)

* **bill** 계산서

▶

Step 1-4 사역동사 + 인칭대명사 + 동사 + 목적어 + **시간 부사(구)**

- 제가 할게요 / 지불 / 계산서 / 이번에는
- Let me pay the bill / **this time***

> **today** (오늘)
> **tonight** (오늘 밤)
> **right now** (지금)

* **this time**
이번에는

Step 2 Actual Dialogue

Ⓐ 이번에는 제가 계산할게요.

Ⓑ You don't need to do that.

Ⓐ Let me pay the bill this time.

Ⓑ 그럴 필요까지는 없어요.

TIP

1. let이 사역동사이므로 목적어(me) 다음에는 pay처럼 동사원형이 나와야 해요.
2. 숙어로 pay the bill은 '계산하다'예요. 비슷한 표현으로 pick up the bill(tab)(계산하다), take care of the bill(계산하다)등이 있어요.
3. You don't need to+동사는 You don't have to+동사처럼 '~할 필요가 없다'의 뜻입니다.
4. 시간 부사구인 this time은 '이번에는'의 의미죠.
5. 상대방에게 뭔가를 할 필요가 없다고 얘기할 때, You don't need to+동사 패턴을 사용하는데요, 여기서 동사는 상황에 맞게 바꿔 쓰면 됩니다.

삼인칭 This, There, Let, Don't

Pattern 100

Don't...

~하지 마

기본문법정리

일반동사 앞에 **don't**를 넣어 말하게 되면 '~하지 마'가 돼요. 다시 말해서 **Don't** + 동사 패턴은 상대방에게 어떠한 행위를 하지 말라고 경고 또는 충고조로 말할 때 사용하죠.

문장 뼈대 **Don't(부정명령문) + 동사 + 전명구**

핵심문장 만들기 　　　　　추가문장 만들기

Step 1-1 부정명령문

• 하지 마
• **Don't**

Step 1-2 부정명령문 + 동사

• 하지 마 / 걱정
• **Don't / worry***

　　　cry (울다)
　　　be late (늦다)
　　　smoke (흡연하다)

* **worry**
걱정하다

* job interview
면접

Step 1-3 부정명령문 + 동사 + 전명구

• 하지 마 / 걱정 / 네 면접에 대해
• Don't worry / about your job interview*

about your family (네 가족에 대해)
about your future (네 미래에 대해)
about your health (네 건강에 대해)

Step 2 Actual Dialogue

Ⓐ 면접 걱정 마.
Ⓑ Thanks for your concern.

Ⓐ Don't worry about your job interview.
Ⓑ 걱정해 줘서 고마워.

TIP

1. 자동사 worry는 전치사 about의 도움을 받아 목적어를 취해요.
2. 복합명사인 job interview는 '면접'이에요.
3. Thank you for+명사(구)/동명사를 Thanks for+명사(구)/동명사처럼 줄여서 표현하기도 하죠.
4. 명사 concern에는 '걱정', '우려', '관심'의 뜻이 담겨 있어요.
5. '걱정해 줘서 고마워.'라고 말하려면 Thanks for~를 이용해서 Thanks for your concern.처럼 표현하면 돼요.

실력이 향상되는 시간!
Ready~ Action!!!

구조가 익숙지 않아 어려웠던 영어!
우리말을 영어식 구조로 바꿔보니까 영어가
훨씬 쉽고 자연스럽게 나오죠?!
지금까지 학습한 문법과 패턴을 다시 한번
확인하는 CHECK UP 시간!
CHECK UP에서는 영어식 구조를 먼저
보고 큰 소리로 말해 본 후 우리식 구조로
뜻을 말해보세요.
본문처럼 Step1. 초급 말하기에서
Step2. 중급 말하기까지 단계 별로
확장하며 완벽하게 복습해보세요!

영어 구조를 보고 우리말로 말하기!

CHECK UP! ●●●●●●●●●●●●●●●●●● UNIT01 ●

영어식 구조를 보고 큰 소리로 말해본 후 우리말로 뜻을 말해보세요!

 **초급** 말하기

영어식 구조	우리식 구조
• I want some help 난 / 원해 / 도움을 좀	난 / 도움을 좀 / 원해
• I want some money 난 / 원해 / 돈을 좀	난 / 돈을 좀 / 원해
• I need a passport 난 / 필요해 / 여권이	난 / 여권이 / 필요해
• I need a break 난 / 필요해 / 휴식이	난 / 휴식이 / 필요해
• I have an appointment 난 / 있어 / 약속이	난 / 약속이 / 있어
• I have a blind date 난 / 있어 / 소개팅이	난 / 소개팅이 / 있어

 **중급** 말하기

영어식 구조	우리식 구조
• I want some help from you to finish this 난 / 원해 / 도움을 좀 / 너로부터 / 이걸 끝내려면	난 / 이걸 끝내려면 / 너로부터 / 도움을 좀 / 원해
• I need a break from work to get some fresh air 난 / 필요해 / 휴식이 / 일하다가 / 바람 좀 쐬기 위해	난 / 바람 좀 쐬기 위해 / 일하다가 / 휴식이 / 필요해
• I have an appointment with Tony to review the report 난 / 있어 / 약속이 / 토니와 / 보고서 검토 위해	난 / 보고서 검토 위해 / 토니와 / 약속이 / 있어

STEP 01 **초급** 말하기

영어식 구조	우리식 구조
• I want to lose weight 난 / 싶어 / 살 빼고	난 / 살 빼고 / 싶어
• I need to practice 난 / 해요 / 연습해야	난 / 연습해야 / 해요
• I have to go to Seoul 난 / 해요 / 서울에 가야	난 / 서울에 가야 / 해요
• I like to watch movies 난 / 좋아해 / 영화 보는 거	난 / 영화 보는 거 / 좋아해
• I hate to be late 난 / 싫어해 / 지각하는 거	난 / 지각하는 거 / 싫어해
• I would like to go shopping 난 / 싶어요 / 쇼핑하고	난 / 쇼핑하고 / 싶어요

STEP 02 **중급** 말하기

영어식 구조	우리식 구조
• I want to lose weight for my health 난 / 싶어 / 살 빼고 / 내 건강을 위해	난 / 내 건강을 위해 / 살 빼고 / 싶어
• I like to watch movies in my spare time 난 / 좋아해 / 영화 보는 거 / 여가시간에	난 / 여가 시간에 / 영화 보는 거 / 좋아해
• I would like to go shopping with my friends 난 / 싶어요 / 쇼핑하고 / 친구들과	난 / 친구들과 / 쇼핑하고 / 싶어요

CHECK UP! •••••••••••••• UNIT03 •

영어식 구조를 보고 큰 소리로 말해본 후 우리말로 뜻을 말해보세요!

 **초급** 말하기

영어식 구조	우리식 구조
• **I want you** 난 / 좋겠어 / 네가	난 / 네가 / 좋겠어
• **I need you** 난 / 좋겠어 / 네가	난 / 네가 / 좋겠어
• **I would like you** 난 / 좋겠어요 / 당신이	난 / 당신이 / 좋겠어요

 **중급** 말하기

영어식 구조	우리식 구조
• **I want you to be happy** 난 / 좋겠어 / 네가 / 행복해졌으면	난 / 네가 / 행복해졌으면 / 좋겠어
• **I need you to be here** 난 / 좋겠어 / 네가 / 여기에 있어줬으면	난 / 네가 / 여기에 있어줬으면 / 좋겠어
• **I would like you to trust me** 난 / 좋겠어요 / 당신이 / 절 믿어줬으면	난 / 당신이 / 절 믿어줬으면 / 좋겠어요

STEP 01 초급 말하기

영어식 구조	우리식 구조
• I exercise at school 난 / 운동해 / 학교에서	난 / 학교에서 / 운동해
• I work at a travel agency 난 / 일해 / 여행사에서	난 / 여행사에서 / 일해
• I will travel to Europe 난 / 여행할 거야 / 유럽으로	난 / 유럽으로 / 여행할 거야
• I go to work 난 / 가 / 직장에	난 / 직장에 / 가

STEP 02 중급 말하기

영어식 구조	우리식 구조
• I exercise at school in the evenings 난 / 운동해 / 학교에서 / 저녁마다	난 / 저녁마다 / 학교에서 / 운동해
• I work at a travel agency in New York 난 / 일해 / 여행사에서 / 뉴욕에 있는	난 / 뉴욕에 있는 / 여행사에서 / 일해
• I will travel to Europe with my family 난 / 여행할 거야 / 유럽으로 / 가족과	난 / 가족과 / 유럽으로 / 여행할 거야
• I go to work by bus 난 / 가 / 직장에 / 버스로	난 / 버스로 / 직장에 / 가

CHECK UP!

영어식 구조를 보고 큰 소리로 말해본 후 우리말로 뜻을 말해보세요!

 **초급** 말하기

영어식 구조	우리식 구조
• I made a cake 난 / 만들었어 / 케이크를	난 / 케이크를 / 만들었어
• I took a shower 난 / 했어 / 샤워를	난 / 샤워를 / 했어
• I called Tony 난 / 전화했어 / 토니에게	난 / 토니에게 / 전화했어
• I met him 난 / 만났어 / 그를	난 / 그를 / 만났어
• I got a text message 난 / 받았어 / 문자를	난 / 문자를 / 받았어
• I told the truth 난 / 말했어 / 진실을	난 / 진실을 / 말했어
• I heard that story 난 / 들었어 / 그 이야기를	난 / 그 이야기를 / 들었어

 중급 말하기

영어식 구조	우리식 구조
• I made a cake in the microwave 난 / 만들었어 / 케이크를 / 전자레인지로	난 / 전자레인지로 / 케이크를 / 만들었어
• I took a shower at home in the morning 난 / 했어 / 샤워를 / 집에서 / 아침에	난 / 아침에 / 집에서 / 샤워를 / 했어
• I called Tony on his cell phone 난 / 전화했어 / 토니에게 / 그의 휴대폰으로	난 / 그의 휴대폰으로 / 토니에게 / 전화했어

STEP **01** **초급** 말하기

영어식 구조	우리식 구조
• I feel like having fish 난 / 싶어 / 생선 먹고	난 / 생선 먹고 / 싶어
• I don't feel like doing anything 난 / 싶지 않아 / 아무것도 하고	난 / 아무것도 하고 / 싶지 않아
• I don't mind waiting 난 / 괜찮아 / 기다려도	난 / 기다려도 / 괜찮아
• I gave up drinking 난 / 끊었어 / 술 마시는 거	난 / 술 마시는 거 / 끊었어

STEP **02** **중급** 말하기

영어식 구조	우리식 구조
• I feel like having fish for supper 난 / 싶어 / 생선 먹고 / 저녁으로	난 / 저녁으로 / 생선 먹고 / 싶어
• I don't feel like doing anything on the weekend 난 / 싶지 않아 / 아무것도 하고 / 주말에는	난 / 주말에는 / 아무것도 하고 / 싶지 않아
• I don't mind waiting in line 난 / 괜찮아 / 기다려도 / 줄 서서	난 / 줄 서서 / 기다려도 / 괜찮아

CHECK UP!  UNIT07

영어식 구조를 보고 큰 소리로 말해본 후 우리말로 뜻을 말해보세요!

 **초급** 말하기

영어식 구조	우리식 구조
• I'm trying to help you 난 / 노력 중이야 / 도와주려고	난 / 도와주려고 / 노력 중이야
• I'm planning to get back 난 / 계획이야 / 돌아갈	난 / 돌아갈 / 계획이야
• I'm going to take a business trip 난 / 거야 / 출장을 떠날	난 / 출장을 떠날 / 거야
• I'm calling to make a reservation 난 / 전화했어요 / 예약하려고	난 / 예약하려고 / 전화했어요

STEP 02 **중급** 말하기

영어식 구조	우리식 구조
• I'm trying to help you with your work 난 / 노력 중이야 / 도와주려고 / 네 일을	난 / 네 일을 / 도와주려고 / 노력 중이야
• I'm planning to get back to Seoul 난 / 계획이야 / 돌아갈 / 서울로	난 / 서울로 / 돌아갈 / 계획이야
• I'm going to take a business trip to Paris 난 / 거야 / 출장을 떠날 / 파리로	난 / 파리로 / 출장을 떠날 / 거야
• I'm calling to make a reservation for two rooms 난 / 전화했어요 / 예약하려고 / 방 두 개	난 / 방 두 개 / 예약하려고 / 전화했어요

 **초급** 말하기

영어식 구조	우리식 구조
• I'm supposed to leave 난/해/떠나야	난/떠나야/해
• I'm supposed to do this 난/해/이걸 해야	난/이걸 해야/해
• I'm supposed to do the laundry 난/해/빨래해야	난/빨래해야/해
• I'm scheduled to take a trip 난/계획이야/여행을 할	난/여행을 할/계획이야
• I'm scheduled to meet her 난/계획이야/그녀를 만날	난/그녀를 만날/계획이야
• I'm scheduled to have an interview 난/계획이야/인터뷰를 할	난/인터뷰를 할/계획이야

 **중급** 말하기

영어식 구조	우리식 구조
• I'm supposed to leave in five minutes. 난/해/떠나야/5분 후에	난/5분 후에/떠나야/해
• I'm scheduled to have an interview with the director. 난/계획이야/인터뷰를 할/이사님과	난/이사님과/인터뷰를 할/계획이야

CHECK UP!  UNIT09

영어식 구조를 보고 큰 소리로 말해본 후 우리말로 뜻을 말해보세요!

 **초급** 말하기

영어식 구조	우리식 구조
• I'm worried about traveling overseas 난 / 걱정돼 / 해외여행하는 게	난 / 해외여행하는 게 / 걱정돼
• I'm not worried about getting married 난 / 걱정 안 돼 / 결혼하는 게	난 / 결혼하는 게 / 걱정 안 돼
• I'm interested in learning English 난 / 관심 있어 / 영어 배우는 거	난 / 영어 배우는 거 / 관심 있어
• I'm not interested in having a drink 난 / 관심 없어 / 술 한잔하는 거	난 / 술 한잔하는 거 / 관심 없어

 **중급** 말하기

영어식 구조	우리식 구조
• I'm worried about traveling overseas with my family 난 / 걱정돼 / 해외여행하는 게 / 가족과	난 / 가족과 / 해외여행하는 게 / 걱정돼
• I'm interested in learning English at home 난 / 관심 있어 / 영어 배우는 거 / 집에서	난 / 집에서 / 영어 배우는 거 / 관심 있어

 **초급** 말하기

영어식 구조	우리식 구조
• Can I borrow some money? 있을까? / 빌릴 수 / 돈 좀	돈 좀 / 빌릴 수 / 있을까?
• Can I use your computer? 돼? / 사용해도 / 네 컴퓨터 좀	네 컴퓨터 좀 / 사용해도 / 돼?
• Can I take a break? 돼? / 취해도 / 잠깐 휴식을	잠깐 휴식을 / 취해도 / 돼?

STEP 02 **중급** 말하기

영어식 구조	우리식 구조
• Can I borrow some money from you? 있을까? / 빌릴 수 / 돈 좀 / 너로부터	너로부터 / 돈 좀 / 빌릴 수 / 있을까?
• Can I use your computer for a while? 돼? / 사용해도 / 네 컴퓨터 좀 / 잠시	잠시 / 네 컴퓨터 좀 / 사용해도 / 돼?
• Can I take a break from work? 돼? / 취해도 / 잠깐 휴식을 / 일하다가	일하가다 / 잠깐 휴식을 / 취해도 / 돼?

CHECK UP! ● ● ● ● ● ● ● ● ● ● ● ● ● ● ● UNIT11 ●

영어식 구조를 보고 큰 소리로 말해본 후 우리말로 뜻을 말해보세요!

 **초급** 말하기

영어식 구조	우리식 구조
• **Are you ready to leave?** 됐어요? / 준비가 / 떠날	떠날 / 준비가 / 됐어요?
• **Are you able to do this?** 있어요? / 할 수 / 이걸	이걸 / 할 수 / 있어요?
• **Are you supposed to watch movies?** 있어요? / 되어 / 영화 보기로	영화 보기로 / 되어 / 있어요?
• **Are you going to propose?** 거예요? / 할 / 프러포즈	프러포즈 / 할 / 거예요?
• **Are you planning to record any music?** 이에요? / 계획 / 음악을 녹음할	음악을 녹음할 / 계획 / 이에요?
• **Are you trying to do the dishes?** 해요? / 하려고 / 설거지	설거지 / 하려고 / 해요?

 **중급** 말하기

영어식 구조	우리식 구조
• **Are you ready to leave for Seoul?** 됐어요? / 준비가 / 떠날 / 서울로	서울로 / 떠날 / 준비가 / 됐어요?
• **Are you supposed to watch movies with your friends?** 있어요? / 되어 / 영화 보기로 / 친구들과	친구들과 / 영화 보기로 / 되어 / 있어요?

STEP 01 **초급** 말하기

영어식 구조	우리식 구조
• **Can you give me?** 있어요? / 줄 수 / 나에게	나에게 / 줄 수 / 있어요?
• **Can you get me?** 줄래요? / 가져다 / 나에게	나에게 / 가져다 / 줄래요?
• **Can you show me?** 줄래요? / 보여 / 나에게	나에게 / 보여 / 줄래요?
• **Can you tell me?** 줄래요? / 알려 / 나에게	나에게 / 알려 / 줄래요?

STEP 02 **중급** 말하기

영어식 구조	우리식 구조
• **Can you give me some information?** 있어요? / 줄 수 / 나에게 / 정보 좀	정보 좀 / 나에게 / 줄 수 / 있어요?
• **Can you get me something to drink?** 줄래요? / 가져다 / 나에게 / 마실 것 좀	마실 것 좀 / 나에게 / 가져다 / 줄래요?
• **Can you show me your ID?** 줄래요? / 보여 / 나에게 / 신분증 좀	신분증 좀 / 나에게 / 보여 / 줄래요?
• **Can you tell me your phone number?** 줄래요? / 알려 / 나에게 / 전화번호 좀	전화번호 좀 / 나에게 / 알려 / 줄래요?

CHECK UP! UNIT13

영어식 구조를 보고 큰 소리로 말해본 후 우리말로 뜻을 말해보세요!

STEP 01 초급 말하기

영어식 구조	우리식 구조
• **Do you want to take a walk?** 할래요? / 산책	산책 / 할래요?
• **Do you like to listen to music?** 좋아해요? / 음악 듣는 거	음악 듣는 거 / 좋아해요?
• **Do you have to buy a birthday present?** 해요? / 생일 선물을 사야	생일 선물을 사야 / 해요?
• **Do you need to say that?** 해야겠어요? / 그런 말	그런 말 / 해야겠어요?
• **Do you hate to talk to her?** 싫어요? / 그녀와 얘기하는 거	그녀와 얘기하는 거 / 싫어요?

STEP 02 중급 말하기

영어식 구조	우리식 구조
• **Do you want to take a walk with us?** 할래요? / 산책 / 우리와	우리와 / 산책 / 할래요?
• **Do you like to listen to music in your free time?** 좋아해요? / 음악 듣는 거 / 여가 시간에	여가 시간에 / 음악 듣는 거 / 좋아해요?
• **Do you have to buy a birthday present for your wife?** 해요? / 생일 선물을 사야 / 부인을 위해	부인을 위해 / 생일 선물을 사야 / 해요?
• **Do you need to say that to me?** 해야겠어요? / 그런 말 / 나에게	나에게 / 그런 말 / 해야겠어요?

STEP 01 **초급** 말하기

영어식 구조	우리식 구조
• **You have to submit your assignment** 해요 / 제출해야 / 당신 과제를	당신 과제를 / 제출해야 / 해요
• **You don't have to attend the meeting** 필요가 없어요 / 참석할 / 모임에	모임에 / 참석할 / 필요가 없어요

STEP 02 **중급** 말하기

영어식 구조	우리식 구조
• **You have to submit your assignment by Friday** 해요 / 제출해야 / 당신 과제를 / 금요일까지	금요일까지 / 당신 과제를 / 제출해야 / 해요
• **You don't have to attend the meeting on Monday** 필요가 없어요 / 참석할 / 모임에 / 월요일에	월요일에 / 모임에 / 참석할 / 필요가 없어요

CHECK UP!  UNIT15

영어식 구조를 보고 큰 소리로 말해본 후 우리말로 뜻을 말해보세요!

 **초급** 말하기

영어식 구조	우리식 구조
• **You should get some help** 해요 / 받아야 / 도움 좀	도움 좀 / 받아야 / 해요
• **You shouldn't take her** 안 돼요 / 데려가면 / 그녀를	그녀를 / 데려가면 / 안 돼요
• **You had better do your best** 좋겠어요 / 다하는 게 / 최선을	최선을 / 다하는 게 / 좋겠어요

 **중급** 말하기

영어식 구조	우리식 구조
• **You should get some help from Tony** 해요 / 받아야 / 도움 좀 / 토니로부터	토니로부터 / 도움 좀 / 받아야 / 해요
• **You shouldn't take her to the party** 안 돼요 / 데려가면 / 그녀를 / 그 파티에	그 파티에 / 그녀를 / 데려가면 / 안 돼요
• **You had better do your best until the end** 좋겠어요 / 다하는 게 / 최선을 / 끝까지	끝까지 / 최선을 / 다하는 게 / 좋겠어요

영어식 구조	우리식 구조
• **Who is this guy?** 누구예요? / 이 애는	이 애는 / 누구예요?
• **Who is your favorite movie star?** 누구예요? / 당신의 / 가장 좋아하는 영화배우는	당신의 / 가장 좋아하는 영화배우는 / 누구예요?
• **Who do you like?** 사람은 누구예요? / 좋아하는	좋아하는 / 사람은 누구예요?
• **Who did you meet?** 누구를 했어요? / 만나다	만나다 / 누구를 했어요?
• **Who will pick up?** 누가 할 거예요? / 지불	지불 / 누가 할 거예요?

영어식 구조	우리식 구조
• **Who is this guy in the picture?** 누구예요? / 이 애는 / 사진 속에	사진 속에 / 이 애는 / 누구예요?
• **Who is your favorite movie star in Hollywood?** 누구예요? / 당신의 / 가장 좋아하는 영화배우는 / 할리우드에서	할리우드에서 / 당신의 / 가장 좋아하는 영화배우는 / 누구예요?
• **Who do you like among the singers?** 사람은 누구예요? / 좋아하는 / 가수 중에	가수 중에 / 좋아하는 / 사람은 누구예요?
• **Who did you meet in the morning?** 누구를 했어요? / 만나다 / 아침에	아침에 / 만나다 / 누구를 했어요?
• **Who will pick up the bill?** 누가 할 거예요? / 지불 / 계산서	계산서 / 지불 / 누가 할 거예요?

# CHECK UP! ●●●●●●●●●●●●●●●●● UNIT17 ●

영어식 구조를 보고 큰 소리로 말해본 후 우리말로 뜻을 말해보세요!

 **초급** 말하기

영어식 구조	우리식 구조
• **Where is the nearest bus stop?** 어디에 있어요? / 가장 가까운 버스 정류장은	가장 가까운 버스 정류장은 / 어디에 있어요?
• **Where do you exercise?** 어디서 해요? / 운동	운동 / 어디서 해요?
• **Where should I buy a birthday present?** 어디서 해야 해요? / 사야 / 생일 선물을	생일 선물을 / 사야 / 어디서 해야 해요?

 **중급** 말하기

영어식 구조	우리식 구조
• **Where is the nearest bus stop around here?** 어디에 있어요? / 가장 가까운 버스 정류장은 / 이 근처에	이 근처에 / 가장 가까운 버스 정류장은 / 어디에 있어요?
• **Where do you exercise in the mornings?** 어디서 해요? / 운동 / 아침마다	아침마다 / 운동 / 어디서 해요?
• **Where should I buy a birthday present for my wife?** 어디서 해야 해요? / 사야 / 생일 선물을 / 부인을 위한	부인을 위한 / 생일 선물을 / 사야 / 어디서 해야 해요?

 **초급** 말하기

영어식 구조	우리식 구조
• **When is the next meeting?** 언제예요? / 다음 모임은	다음 모임은 / 언제예요?
• **When do you go to work?** 언제 해요? / 출근 / 직장에	직장에 / 출근 / 언제 해요?
• **When can I use your computer?** 언제 할 수 있어요? / 사용 / 당신 컴퓨터를	당신 컴퓨터를 / 사용 / 언제 할 수 있어요?

STEP **02** **중급** 말하기

영어식 구조	우리식 구조
• **When is the next meeting we have to attend?** 언제예요? / 다음 모임은 / 우리가 참석해야 할	우리가 참석해야 할 / 다음 모임은 / 언제예요?
• **When do you go to work in the morning?** 언제 해요? / 출근 / 직장에 / 아침에	아침에 / 직장에 / 출근 / 언제 해요?
• **When can I use your computer to email Sam?** 언제 할 수 있어요? / 사용 / 당신 컴퓨터를 / 샘에게 이메일 보내려면	샘에게 이메일 보내려면 / 당신 컴퓨터를 / 사용 / 언제 할 수 있어요?

CHECK UP!  UNIT19

영어식 구조를 보고 큰 소리로 말해본 후 우리말로 뜻을 말해보세요!

 **초급** 말하기

영어식 구조	우리식 구조
• **Why are you interested?** 왜 해요? / 관심 있어	관심 있어 / 왜 해요?
• **Why are you traveling to Japan?** 왜 할 거예요? / 여행 / 일본으로	일본으로 / 여행 / 왜 할 거예요?
• **Why do you get up early?** 왜 해요? / 일찍 일어나	일찍 일어나 / 왜 해요?
• **Why did you call me?** 왜 했어요? / 전화 / 나에게	나에게 / 전화 / 왜 했어요?

STEP **02** **중급** 말하기

영어식 구조	우리식 구조
• **Why are you interested in Korean history?** 왜 해요? / 관심 있어 / 한국 역사에	한국 역사에 / 관심 있어 / 왜 해요?
• **Why are you traveling to Japan with your wife?** 왜 할 거예요? / 여행 / 일본으로 / 부인과	부인과 / 일본으로 / 여행 / 왜 할 거예요?
• **Why do you get up early in the mornings?** 왜 해요? / 일찍 일어나 / 아침마다	아침마다 / 일찍 일어나 / 왜 해요?
• **Why did you call me late last night?** 왜 했어요? / 전화 / 나에게 / 지난밤 늦게	지난밤 늦게 / 나에게 / 전화 / 왜 했어요?

 **초급** 말하기

영어식 구조	우리식 구조
• **What is the problem?** 뮈예요? / 문제가	문제가 / 뮈예요?
• **What do you do at home?** 무엇을 / 해요? / 집에서	집에서 / 무엇을 / 해요?
• **What did you have for breakfast?** 무엇을 했어요? / 드셨어 / 아침으로	아침으로 / 드셨어 / 무엇을 했어요?

STEP **02** **중급** 말하기

영어식 구조	우리식 구조
• **What is the problem with your computer?** 뮈예요? / 문제가 / 당신 컴퓨터에	당신 컴퓨터에 / 문제가 / 뮈예요?
• **What do you do at home in your free time?** 무엇을 / 해요? / 집에서 / 여가 시간에	여가 시간에 / 집에서 / 무엇을 / 해요?
• **What did you have for breakfast this morning?** 무엇을 했어요? / 드셨어 / 아침으로 / 오늘 아침에	오늘 아침에 / 아침으로 / 드셨어 / 무엇을 했어요?

CHECK UP!  UNIT21

영어식 구조를 보고 큰 소리로 말해본 후 우리말로 뜻을 말해보세요!

 **초급** 말하기

영어식 구조	우리식 구조
• **How is the weather?** 어때요? / 날씨는	날씨는 / 어때요?
• **How was your business trip?** 어땠어요? / 당신의 / 출장은	당신의 / 출장은 / 어땠어요?
• **How often do you eat out?** 얼마나 자주 해요? / 외식	외식 / 얼마나 자주 해요?
• **How can I help you?** 어떻게 할 수 있어요? / 도와줄 / 당신을	당신을 / 도와줄 / 어떻게 할 수 있어요?

 중급 말하기

영어식 구조	우리식 구조
• **How is the weather in Seoul?** 어때요? / 날씨는 / 서울	서울 / 날씨는 / 어때요?
• **How was your business trip to Denver?** 어땠어요? / 당신의 / 출장은 / 덴버로	덴버로 / 당신의 / 출장은 / 어땠어요?
• **How often do you eat out with your family?** 얼마나 자주 해요? / 외식 / 당신 가족과	당신 가족과 / 외식 / 얼마나 자주 해요?
• **How can I help you with your move?** 어떻게 할 수 있어요? / 도와줄 / 당신을 / 이사하는 거	이사하는 거 / 당신을 / 도와줄 / 어떻게 할 수 있어요?

영어식 구조	우리식 구조
• It's too hot to work outside 너무 해요 / 더워 / 밖에서 일하기에	밖에서 일하기에 / 더워 / 너무 해요
• It looks like it's going to snow 같아요 / 눈이 내릴 것	눈이 내릴 것 / 같아요
• Is it really important to exercise? 정말 해요? / 중요 / 운동하는 게	운동하는 게 / 중요 / 정말 해요?

STEP **02** **중급** 말하기

영어식 구조	우리식 구조
• It's too hot to work outside at this time of year 너무 해요 / 더워 / 밖에서 일하기에 / 연중 이맘때	연중 이맘때 / 밖에서 일하기에 / 더워 / 너무 해요
• It looks like it's going to snow soon 같아요 / 눈이 내릴 것 / 곧	곧 / 눈이 내릴 것 / 같아요
• Is it really important to exercise in the mornings? 정말 해요? / 중요 / 운동하는 게 / 아침마다	아침마다 / 운동하는 게 / 중요 / 정말 해요?

CHECK UP! •••••••••••••••••••• UNIT23 ·

영어식 구조를 보고 큰 소리로 말해본 후 우리말로 뜻을 말해보세요!

STEP 01 **초급** 말하기

영어식 구조	우리식 구조
• **There is no time to study** 없어 / 시간이 / 공부할	공부할 / 시간이 / 없어
• **Let's eat lunch** 합시다 / 먹읍 / 점심	점심 / 먹읍 / 합시다
• **Let me pay the bill** 제가 할게요 / 지불 / 계산서	계산서 / 지불 / 제가 할게요
• **Don't worry** 하지 마 / 걱정	걱정 / 하지 마

STEP 02 **중급** 말하기

영어식 구조	우리식 구조
• **There is no time to study at home** 없어 / 시간이 / 공부할 / 집에서	집에서 / 공부할 / 시간이 / 없어
• **Let's eat lunch at the park** 합시다 / 먹읍 / 점심 / 공원에서	공원에서 / 점심 / 먹읍 / 합시다
• **Let me pay the bill this time** 제가 할게요 / 지불 / 계산서 / 이번에는	이번에는 / 계산서 / 지불 / 제가 할게요
• **Don't worry about your job interview** 하지 마 / 걱정 / 네 면접에 대해	네 면접에 대해 / 걱정 / 하지 마

MEMO

0순위

문장늘리기
패턴100